eye.

守望者

——

到灯塔去

UNCOMPUTABLE

不可计算

〔美〕亚历山大·R. 加洛韦 著 李逸帆 译

漫长数字时代的游戏与政治

PLAY AND POLITICS IN THE LONG DIGITAL AGE

南京大学出版社

Alexander R. Galloway

献给 J. J.

想象一下世界的多样性,然后去敬拜它吧。

否认它的多元时,你便在否定你自身的本质。

———德里克·贾曼,《庆典》(1978)

目　录

插图目录

巴黎来信

　　大约十年前的一个春天，我生日才刚过去几天的时候，我收到了一封律师事务所的来信。事务所位于巴黎的奥柏街上，街的西南边是巴黎皇家宫殿，旁边则挨着古老的巴黎歌剧院。律师寄来的信总会装着坏消息，这一封也不例外。"我谨作为爱丽丝·德波女士的法律顾问，向您致信，"信件开头如是写道，"爱丽丝·德波女士全权拥有居伊·德波先生名下一切作品的财产权与著作人身权。"这位律师随后平白直接地通知我，称我侵犯了居伊·德波的知识产权。我的眼睛扫过纸面，看着"专属权""未经允许而利用"之类的语汇。而我之后得知，我的上级和原来我作为驻留艺术家待过的一家非营利组织也收到了信件的复印版。

　　居伊·德波，那位法国导演和作家，早已刻在了我的记忆中。那段时间我正没日没夜地在笔记本电脑上为一款游戏敲着代码。这款游戏的开发团队由几位程序员和艺术家组成，我们想要通过电脑游戏复刻居伊·德波鲜为人知的一件晚期作品：于20世纪70年代创作的战棋类桌游《战争游戏》（*The Game of War*）。奥柏街的那位律师在信里写得再直截了当不过了。**停止游戏的开发，否则我们将以侵犯著作权的罪名提起诉讼。**

至少这么讲吧，让居伊·德波一家来控告别人侵犯自己的知识产权，本来便有些讽刺。德波本人在自己整个职业生涯期间，都在满心欢喜地抄袭、采样、偷内容，从黑格尔到好莱坞，以及两者之间的一切，无一幸免。我翻着那本看旧了的《景观社会》（*The Society of the Spectacle*），德波 1967 年评议文化与政治的代表作，终于找到了我想要的那句话。第八章，第 207 段，第 2 行，德波关于艺术理论的论述中有这样一句："抄袭是必要的，这是进步的呼求。"

为了想出解决方案，我暂时异想天开了一下。我可以只在回信中引几句德波自己关于艺术性挪用的言论，然后便到此为止。不管怎么说，我没有抄袭德波或任何人的意图。我的作品只是一项重现历史算法的研究。再者说，竟然尝试去"劫持"异轨（détournement）大师本人，还能有比这更无聊的事吗？

我过去对游戏与游戏活动有一些研究。但《战争游戏》中最吸引我的部分并非与游戏有关。它真正让我着迷的地方是其中有关算法的元素。正如其他游戏一样，德波的作品是由各种算法（它的规则书）所定义的。而游戏也有着判定输赢的二元情境。游戏的棋盘为方格结构，与数据阵列有些相似之处，或许也因此很像一张位图化的图像。参与游戏的玩家甚至要同时在自己脑中进行简单的计算。某种意义上说，这游戏本身已经算是一段代码了。在软件中复刻这款游戏并非难事，但要解决研发过程中遇到的各种谜团则绝非易事。我也会不断探寻这些谜题，并最终试着解决它们。

那时，我清楚自己想针对算法文化与计算的历史写点什么。这并不是指狭义上诺伯特·维纳与格雷戈里·贝特森的控制论，而是指更广义上、更能统摄多元媒介的计算。我在德波的游戏中看到了一个用算法搭建的人造物，而我则想叙写一部历史，让它宏大到足以囊括这款游戏，以及其他与计算更加直接相关的人造物。这一连串相互关联的事件会深涉至20世纪20年代以来的控制论前史，或者溯回50年代的人工生命实验。它可以讲述有关网络、超级计算机与黑箱的历史，可以涵盖编织与雕塑之类的其他形式，它甚至可以试着证明——虽然这乍一听有点奇怪——19世纪的照相术是如何促成计算机图像的诞生的。

虽然那封警告信的本意是"停止并终止行为"，但那封十年前的信更像是一切的开端，而非终点。德波的《战争游戏》只是故事的开始，而故事本身则完全超越了这个游戏，自己潜入了可计算与不可计算的本质之中。于我而言，它开启了一系列事件，揭露了各种新的问题，并且指明了一条前进之路。我最终决定不再回复那封奥柏街律师的来信。相反，我要写一本书……

前　言

　　本书的主题与可计算和不可计算有关。它并不涉及普遍性理论——而是由我讲述的一系列历史事件组成。这些故事撷取自广义上计算与数码媒介的历史档案，并旨在展现计算兴起于世的成与败，数码如何既繁兴又同时萎缩，网络如何既相互联结又同时相互龃龉、分崩离析。

　　这种交错——有些完成了，有些未完成，有些被计算了，有些未被计算——构成了数码机器从控制论、网络，到元胞自动机（cellular automata）与更多事物的真实历史。另外，电脑在近几年殖民全球的同时，也在排除（exclusion）的各种实践方面大放异彩。而那些被排除的名词可能是"直感"（intuition），抑或是"审美经验"，也可能是"肉身"（flesh）或者"情动"（affect）。这些被排除的名词也许能让人联想到某种诗歌、神秘主义或者浪漫主义，但它们或许只是和生命、单调与庸常相关。关键在于，现在有着一种存在的模式（mode of being），其内部无法被离散的符号掌控，或者至少无法对其施加强大的影响。在没有这些理性符号的情况下，计算则开始游移而去、披上新的形式。有时这被称作"生命"或"经验"之域，有时则被称为"模拟"（analog）之域——但事实上，模拟计算机是最古老的计算机之一。

与此同时，"不可计算"这个词则延展出了一系列其他的意涵，特别是在 20 世纪，各种新意义相继出现。其中两个与界限有关：理性界限与实践界限。当然，对理性的（rationality）的反抗其实与理性本身一样历史悠久。但 20 世纪早期一连串有关理性的悖论则将这种反抗推上了顶峰，显见于理性内部束缚自身的一系列限度。伯特兰·罗素 1901 年提出的悖论——"由所有不属于自身的集合所构成的集合"——似乎为数学几何理论内部的可能性设定了限度。库尔特·哥德尔 1931 年的不完备定理则证明，任何形式公理内部必然存在不能被**证明**的**真**命题。不久后的 1936 年，阿兰·图灵证实，从逻辑上无法判定（在给定输入的情况下）哪种机器会停机，而哪种不会。如果在这一切之前，理性有着直觉、诗学或生物的限度，那么在哥德尔、图灵之类的人之后，理性自身内部也存在可被证实的界限。确实，在某种意义上，定义 20 世纪计算的是其自身限度，也就是不可计算，而非一系列可测的算力。或者就像比阿特利斯·法齐巧妙的表述一般，"计算机科学脚下的建基性悖论在于，这个领域的边界并非被它能做的事所定义，定义它的是它做不了的事"[1]。

与理性限度一道出现的还有实践限度的问题。如果你去问

1　M. Beatrice Fazi, *Contingent Computation: Abstraction, Experience, and Indeterminacy in Computational Aesthetics* (London: Rowman and Little-field, 2018), 56.

问密码专家有关"不可计算"的问题，他们会回复你：**你现在手上有多少算力？ 你能坚持一直算，算到天荒地老吗？** 因此，可计算性也是一个与实践严格相关的问题。密码学之类的领域十分擅长在纯粹的理性中创造扭结与障碍，这些障碍就算并非"不可计算"，也会严重阻碍计算的进程。反算哈希函数有没有可能？理论上来说，是有可能的，但放在实践中，门儿都没有。至少加密货币所承诺的安全性靠的就是这个。

　　如果模拟生命、理性悖论，以及实践限度代表着不可计算的三种类型，那么"不可计算"的第四种意涵则源于无法参透与不确定之物。卢恰娜·帕里西在其著作《感染性建筑》中探讨了熵、混沌、偶然性、无限性、改变，以及她所称的无模式数据（patternless data）。[1] 在她笔下，不可计算已然存在，它存在于数据的裂隙与剩余中，感染与偶然性中，以及这些事物击溃看似固若金汤的理性系统之时。（帕里西的思想部分受到了数学家格里戈里·蔡廷的影响，他证明了具有无限复杂性数字的存在，也就是说，这些数字理论上是不可计算的。）数码计算在传统上依赖着离散符号——它依赖着这些符号持续的离散状态。而当这些符号开始消解时，可计算性便面临着威胁。当某个符号无法固定时，计算便面临着困难。

　　或者真的是这样吗？本书中故事的一部分便包括将无法参透与不确定之物**纳入**计算的核心。帕里西认为，"错误、不确定

1　Luciana Parisi, *Contagious Architecture: Computation, Aesthetics, and Space* (Cambridge, MA: MIT Press, 2013).

性、随机性、未知在整体上成为技术科学知识与机器推理能力的一部分"[1]。确如其言，计算历史中的一部分便是可计算对不可计算进行殖民的历史。比如克劳德·香农在 1949 年定义信息时便明确使用了熵的概念。[2] 自此之后，随机性与偶然性便成为计算的一部分，而并非被排除至计算之外。3D 建模经常运用随机生成程序来构造纹理，提升图像画质运用的反锯齿本质上则是一种具有审美意义的噪点，而人工智能的经验主义转向则表明，偶然的数据最终要比可预测、确定的数据更具价值。某种程度上，随机性与偶然性已经完全实现了工业化。今天，可计算性已经与不可计算性紧密交缠。

在总主题不可计算之外，本书也会探讨一个次主题，**诸多**（the multiple）。在后面的故事中，诸多将以细胞、单位、像素，以及被组织的集合、阵列、网格的形式出现。我们将看到，诸多将被可视化为电脑显示屏上的第一个像素、模拟的人工生命、桌面游戏，以及各种其他的媒介人造物。我们将探讨多镜头摄影，以及快速、简单拍摄多张图像的能力。我们也会研究多股线条横纵交织而成的织物，还有在二维平面上模拟数学方程式中集合与阵列的经纱和纬纱（以及相反的实践）。这种对诸多在形式上的构造——创造一个单位，再连续地重复该单位——是数码计算的核心所在。

1　Luciana Parisi，"Reprogramming Decisionism，"*e-fluxjournal* 85（October 2017）：1-12，14.

2　Claude Shannon and Warren Weaver，*The Mathematical Theory of Communication*（Urbana：University of Illinois Press，1963）.

确实如述,诸多一直以来都是备受关注的话题。人们对副本与原本的焦虑至少可以上溯至柏拉图时代,而现代自身也与重复和仿制有着特殊的关系:系列小说、艺术中的诸多、幻灯片,瓦尔特·本雅明论再生产、后结构主义者论重复。在 20 世纪 90 年代,"诸多性"已经成了赛博文化的热词。哈罗德·雷米斯还在1996 年拍了一部相关主题的电影(票房惨淡)。

在这里,借用马克思主义的行话,我们或许需要区分"形式的"(formal)与"实在的"(real)诸多有何区别。事物可能在**形式**上为诸多,因为不管看起来多么怪异,它们可以在不伤害原件完整性的基础上被仿制或拷贝。但是,与数码计算相关的则是**实在的诸多**,也就是说,这种诸多代表着永远已然存在(always-already)的数码物质性,这种物质性则包括单子、集合、阵列、分子、细胞或者晶体。在欧几里得笔下,非负有理数被称作 plêthos(πλῆθos),尽管在英文中与其最近的同源词为"过量"(plethora)它在大部分时候则被译为"多"(multiple)。[1] 而欧几里得认为,数字是实在意义上的多(real multiples):它们只是一个基本单位的枯燥重复罢了。数码计算正是在这种实在的诸多中繁生。

但其他思想家偏爱诸多的原因并不源于其数字上的规律性,而是恰恰相反,他们的偏好源于诸多对同质性与连贯性的偏离。吉尔·德勒兹与菲利克斯·加塔利的著作便是其中的典型代表。他们认为,诸多意味着"生成-狼、生成-非人、解域化的强

---

[1] 欧几里得对非负有理数的定义引自 *Elements*,book 7, definitions 1 and 2。详见 Euclid, *Elements*, vol. 2, trans. Thomas Heath (New York: Dover, 1956),277。

度（becoming-wolf，becoming-inhuman，deterritorialized intensi-ties）"[1]。诸多补充了德勒兹与加塔利的理论，使其得以偏移人、弗洛伊德式的自我，以及其他一切的决定性重复（deterministic repetition）。

与其相邻的词"诸众"（multitude）中也存在着相似的潜能，而迈克尔·哈特与安东尼奥·奈格里（Antonio Negri）在其2000年的《帝国》与一系列著作[2]中则赋予了这一历史远久的概念以新的活力。根据哈特与奈格里的解释，诸众是"滋长于帝国内部的鲜活替代方案"[3]。由单一体（singularities）构成的诸众并不是一个简单的阵列或普通的网格，而是"一个开放与向外扩张的网络"[4]。

这揭露了一对基本的张力。诸众，在其嵌套与变化组合的过程中，看似具有实现差异与多样的潜能。但与此同时，诸多也需要重复，所以总是会回溯至某些基础的相似性上。那么，诸多是否必然要求对习惯做毫无意义的重复？[5] 它是否意味着克隆？或

1　Gilles Deleuze and Félix Guattari, *A Thousand Plateaus*, trans. Brian Massumi (Minneapolis：University of Minnesota Press，1987)，32.

2　Michael Hardt and Antonio Negri, *Empire* (Cambridge, MA：Harvard University Press，2000).

3　Michael Hardt and Antonio Negri, *Multitude* (New York：Penguin，2004)，ⅹⅲ.

4　Ibid.，99，ⅹⅲ-ⅹⅳ.

5　有关习惯与脑科学，见 Catherine Malabou, *Morphing Intelligence: From IQ Measurement to Artificial Brains*, trans. Carolyn Shread (New York：Columbia University Press，2019)。有关习惯与数码媒介，见 Wendy Hui Kyong Chun, *Updating to Remain the Same: Habitual New Media* (Cambridge, MA：MIT Press，2016)。

者是否可以说，诸多进行着扰乱与激越（disrupt and enliven），展开了新的逃逸线与新的感觉模式？这样看来，诸多内部实则充斥着各种矛盾。

—

　　数码媒介研究似乎正处于黄金时代。十多年之前，在马克·马里诺的促成下，一项名为"批判代码学"的领域得以开创，这一学科转型显见于丽塔·雷利、阿德里安·麦肯齐、马修·富勒等人的学术著作中。[1] 与此同时，再度兴起的基础设施研究也带来了近期一系列的重要作品，例如妮科尔·斯塔罗谢利斯基的《海底网络》与胡彤晖的《云的史前史》，两者均探讨了网络在实在意义上的物质性。[2] 许煜等理论家近期探索了数码性的多种哲学意涵，而对许煜而言，他的思考则受到了贝尔纳·斯蒂格勒与吉尔伯特·西蒙东的技术哲学的启迪。[3] 另外，我们也可以看到西蒙娜·布朗富含巧思、恰逢其时的《黑物质》，该书探讨了有关种族的技术；或者可以关注一下扎克·布拉斯、雅各布·

---

[1] Mark C. Marino, "Critical Code Studies," *Electronic Book Review* (December 4, 2006), electronicbookreview.com.

[2] 参见 Nicole Starosielski, *The Undersea Network* (Durham, NC: Duke University Press, 2015), 和 Tung-Hui Hu, *A Prehistory of the Cloud* (Cambridge, MA: MIT Press, 2015)。

[3] 参见 Yuk Hui, *On the Existence of Digital Objects* (Minneapolis: University of Minnesota Press, 2016)。

加博里、卡拉·基林在不透明性、酷儿计算学（queer computing）等毗邻领域的研究。[1] 女性主义理论与数码技术的关系可谓历史悠久，但近期出版的《异外女性主义宣言》获得了尤其广泛的共鸣，这很大程度上是因为其作者在诸如异化、后人类主义等有争议的话题上表明了一系列强硬的立场。[2] 同时，马丁内·西姆斯（Martine Syms）的杰作《庸常非裔未来主义者宣言》提出了"加速主义"观念的替代方案，并力称庸常（mundane）相对于"地外"（extraterrestrial）的优越性。即使在艺术批评领域，计算与网络美学也榜上有名，这显见于塞斯·普莱斯广为流传的小册子《散播》（名字十分合适），另一种路径也显见于大卫·乔斯利特、克莱尔·毕肖普有关网络和参与的著作。[3] 这些系谱中的一部分被帕特里克·贾戈达收录至其书《网络美学》中。他在其中总览了从文学、电影到游戏的不同媒介形式，并对数码性与形式主义给予

1　参见 Simone Browne, *Dark Matters: On the Surveillance of Blackness* (Durham, NC: Duke University Press, 2015); Zach Blas and Jacob Gaboury, "Biometrics and Opacity: A Conversation," *Camera Obscura* 31, no. 2 (2016): 155 – 65; and Kara Keeling, "Queer OS," Cinema Journal 53, no. 2 (Winter 2014): 152 – 7。

2　Laboria Cuboniks, *The Xenofeminist Manifesto: A Politics for Alienation* (London and New York: Verso, 2018).

3　参见 Seth Price, *Dispersion* (self-published booklet, 2002), David Joselit, *After Art* (Princeton, NJ: Princeton University Press, 2012), 和 Claire Bishop, *Artificial Hells: Participatory Art and the Politics of Spectatorship* (London and New York: Verso, 2012).

了同等的关注。[1]

同时，新的可能性也茂郁繁生。我这里想到的是霍梅·金对计算媒介中"模糊性与矛盾情绪"的讨论[2]，或者阿里亚·迪安有关表情包与黑人特质（blackness）的文章[3]，抑或是弗朗索瓦·拉吕埃勒是如何尝试通过他所谓的非标准方式从内部"去生长"（degrow）哲学，并以此"去生长"数码计算的[4]。如果模拟意味着认同那些次要的概念（实在的连续性、生命、情动、肉体），拉吕埃勒的非数码则并不意味着在一开始便对模拟与数码进行区分。如果加密技术是在给数据增加混淆，拉吕埃勒的非数码则更像是在**压缩**数据，而不是掩盖数码上的差异，以至于消除其内部

1　Patrick Jagoda, *Network Aesthetics* (Chicago: University of Chicago Press, 2016). 确实，形式与形式主义重回了媒介与美学理论的中心，这种思想在如下的书中就算尚未被详尽阐述，也至少成为索引的一部分，这两本书包括 Caroline Levine's *Forms: Whole, Rhythm, Hierarchy, Network* (Princeton, NJ: Princeton University Press, 2015)，与 Eugenie Brinkema's *The Forms of the Affects*(Durham, NC: Duke University Press, 2014)，后者的作者则致力于捍卫其笔下的"激进形式主义"。除了其他文献，贾戈达也引用了 Marjorie Levinson, "What Is New Formalism?," PMLA 122, no. 2 (2007): 558 - 69，以及 Ellen Rooney, "Form and Contentment," MLQ: Modern Language Quarterly 61, no. 1 (2000): 17 - 40。

2　Homay King, *Virtual Memory: Time-Based Art and the Dream of Digitality* (Durham, NC: Duke University Press, 2015), 31.

3　Aria Dean, "Poor Meme, Rich Meme," *Real Life* (July 25, 2016), real-lifemag.com.

4　参见 François Laruelle, *Principles of Non-philosophy*, trans. Nicola Rubczak and Anthony Paul Smith (London: Bloomsbury, 2013)。

的差异。[1]

自"二战"以来，在计算这一话题上，已经有许多相较本书更系统的著作，例如 N. 凯瑟琳·海尔斯与奥里特·哈尔彭有关控制论的作品，或者弗雷德·特纳在 20 世纪末对"数码乌托邦的兴起"的思考。[2] 我无意复述他人已然精彩的著述，而是选择将注意力转移至那些鲜被讲述，或者至少讲述不够详尽的故事上——尼尔斯·奥尔·巴里切利、埃达·K. 迪茨、弗朗索瓦·威廉的逸事——并把这些支线叙事与埃达·洛夫莱斯、约翰·冯·诺依曼的正典历史缝合起来。因此，这部历史将不是系统性的梳理，而是由一系列事件组合而成。本书的行文将稍有跳跃，不追求事无巨细的叙述，而是追随现有资料有时无法预测的逻辑。

本书将遵循大致的时间顺序，并涵盖 19 世纪早期至今日的历史。我们将从照相术与编织出发，尽管这两种并不一定与计算有直接联系。第一部分将聚焦于连续摄影术（chronophotography），也就是在一定时间内拍摄多张照片的技术，并会着重关注多镜头相机的历史。第二部分则会展现编织与计算是如何在很久之前

1　参见 Eugene Thacker, *The Pre-Cartesian Brotherhood* (Seattle：Sub Zero Books，1994)。

2　参见 N. Katherine Hayles, *How We Became Posthuman: Virtual Bodies in Cybernetics, Literature, and Informatics* (Chicago：University of Chicago Press，1999)；Orit Halpern, *Beautiful Data: A History of Vision and Reason Since 1945* (Durham, NC：Duke University Press，2014)；和 Fred Turner, *From Counterculture to Cyberculture: Stewart Brand, the Whole Earth Network, and the Rise of Digital Utopianism* (Chicago：University of Chicago Press，2006)。

便紧密交织的。在第三部分,也就是描写"二战"前后的部分,将基于堤昆(Tiqqun)团体所称的"控制论假说"以概说第一个数码电脑时代。第四部分则借用一系列元胞自动机的早期实验探索了人工生命的问题。第五部分在有关游玩与游戏的主题下,图绘了 20 世纪 70 年代的部分政治潮动,其中包括一对早期形态的、不对称的张力,而我们会在第六部分讨论黑箱时对这种张力进行详尽考察。

就本书的研究方法论而言,虽然全书的一大部分为典型的档案研究与更加综合性的理论观点,但同时,这也要求一种不同的知识采集方式。这种新的方法可以被暂时称作"算法研究"甚至"算法复现",而它当下的追随者也越来越多,并有可能在未来成为更加重要的范式。[1] 基于代码有自己独特的故事这一假设,我决定亲手通过重新编码与改造重建,让一些从各种档案中被发掘的无用代码重现生机。说到底,本书的框架围绕着三种复现而成:编织埃达·K.迪茨 1940 年末的用代数组成的图案(第二部分);重现尼尔斯·奥尔·巴里切利 1950 年早期对元胞自动机的模拟(第四部分);为德波 1978 年的《战争游戏》进行编码,使其能在现在的软件中游玩,并最终打造一个基础版的"德波 AI"(第五部分)。

算法研究是一种进行发现的过程,它探究计算人造物的方式是**通过计算完成**的。我们可以看看第四部分对尼尔斯·奥尔·

---

1 这一概念与沃尔夫冈·恩斯特的"认识论的反向构建"有一些紧密联系之处。Wolfgang Ernst, *Digital Memory and the Archive* (Minneapolis: University of Minnesota Press, 2013), 55.

巴里切利的讨论。如果要研究巴里切利，自然要去看看现存的出版物和档案，特别是新泽西普林斯顿高级研究院的材料，因为巴里切利就是在那里完成了自己最重要的成果。但这种研究方式究其本质是十分人文的，而并不是计算的。因此，我们不仅应该投身于档案记录的研究，也应该**以技术的方式**来对待巴里切利的技术研究，并创造辅助性的新软件来处理档案材料。

在这一前提的指引下，我则开始在笔记本电脑上重建巴里切利 1953 年的突破性成果（图 19）。为了重写巴里切利的实验，并将其移植到现在的软件上，我被迫研读了巴里切利写的说明文件——不只是把它们当作平白的散文，还要把它们当作技术文件来读。巴里切利的伪代码需要被翻译、重写、调试，并变成现在软件中的可运行程序。整个过程对我很有帮助，因为它让我得以在更近的距离接触巴里切利的技术理论，而不只是在他的写作中找寻显见的哲学与文化观点。

与之同理，我也亲身了解了埃达·K. 迪茨是如何通过代数的方式设计其编织图案的。在研究迪茨的各类出版物和新闻剪报的同时，我也纺出了几张她设计的图案，从比较直截了当的 AKD - 2 - 3 - O，到她更加复杂的八综织机图案 AKD - 6 - 2 - SW（图 12）。在织机上的工作——尝试不同的材料、进行实验、不断犯错——让我在实践中与多研究的材料关系更加紧密，这比我仅仅通过阅读迪茨的书来研究其中代数图案的设计要效果更佳。

在研究德波时，我也受到了相似精神的启发。德波晚期所作的《战争游戏》，出于现实与理论上的各种原因，已经被大部分人忘却了，而它在研究德波的著作中也只能留下半页的叙述，或只能成为一条脚注。大部分德波的编年史家与批评家更倾向于关注他核心性的创见与理论建构（也就是电影与写作），尤其是情境主义国际时期的作品。但出于对这个奇怪的游戏的兴趣，我开始在电脑上对它进行复刻，并最终将以《战争游戏》的名称发布。通过对软件加以编程，我获得了一种进入德波大脑的独特方式，并因此可以读取传统研究方式无法获得的信息。也确实如此，只有通过重写和调试德波的代码，我才得以发掘许多影响了第五部分中各种观点的关键细节，而有些细节连德波本人都没有关注到。

数码的研究方法在最近几年广受讨论。[1] 我将在全书的后记中对这种方法论给出自己的评论。但总的来说，就算许多现有的案例并不亮眼，我也并不排斥这种数码的方法。同样，我也不排斥对其的批判，并且会考虑到它们——批判或者计算的研究方法——可能是被迫所为，并且是完全错误的。我自身的方法倾向于从多种角度出发，一方面涉及代码编写，另一方面则进行传统的写作。与此同时，两者相辅相成：搭建软件和编码拉近了与材料的距离，而批判性分析则重新将研究对象置于审视的目光下。我从来不奢求将批判性区隔出来或加以征服，虽然有些人通常会这么做。相反，我的目标是通过一个单一的项目来统合（unify）批判理论与数码媒介。

---

[1]　举例而言，参见 Stephen Ramsay, *Reading Machines: Toward an Algorithmic Criticism* (Champaign：University of Illinois Press，2011)，或者 Nan Z. Da 提出的观点，后者参见"Computational Case Against Computational Literary Studies," *Critical Inquiry* 45, no. 3（Spring 2019）：601 - 39。

对于计算媒介而言,其可能性的条件是什么样的? 数码时代是如何开始,又是怎样开始的? 我在漫长的数码时代中撷取出了一系列事件,其目的与其说是推翻现有的历史,倒不如说是对它们进行延伸,调整它们的方向。我们也将看到,这一历史支线的开端可能比预想的还要早一些——它开始于 19 世纪,但我们仍然可以轻松地找到更早的源头——它延续至今,汲取着媒介、文化、技术与哲学的历史源泉。

第一部分　摄影术

1
僵死的摄影术

 1860 年初,巴黎一幢四层现代建筑的门前竖起了一面告示牌。这座用钢筋和玻璃筑成的建筑刚刚竣工,坐落在当时从凯旋门出发、由南向北延伸的繁星大道(Boulevard de l'Etoile)上。告示牌上铺满了大号的字,"肖像——产自机械雕像术",牌子上的文字吹捧道,"半身像、肖像徽章、塑像"。

 "当繁星大道 42 号刚刚建起那座巨大的圆形穹顶时,"一位历史学家叙述道,"人们都认为这座用蓝白两色玻璃拼起来的建筑是个温室,一个装小型动物的英式动物园、水族馆,当然,把它当个摄影室也不是不行。"[1] 而当诗人泰奥菲尔·戈蒂耶在 1863 年来到这座建筑的中心穹顶时,他则把这个 40 英尺[2] 宽、30 英尺高的房间(图 1)比作了"一座东方穹顶,由白色与蓝色玻璃组成的

1　Robert Sobieszek, "Sculpture as the Sum of Its Profiles: François Willème and Photosculpture in France, 1859 - 1868," *Art Bulletin* 62, no. 4 (December 1980): 621.

2　1 英尺约为 0.3048 米。——译者注

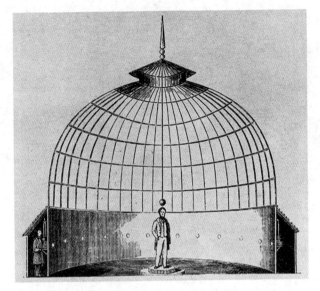

图1 弗朗索瓦·威廉的反向"全景监狱"

这个摄影室四周的24架照相机共同向内指向了中心的主体。来源：《艺术期刊》，1864年

至轻之顶"[1]。

作家保罗·德·圣维克托也研究过这座建筑，并惊艳于这座圆顶摄影室内部的中空感。"想象一下，有一座圆形的房间，里面没有任何的工具，也没有任何肉眼可见的装置，没有任何提示奇妙事件即将发生的东西。"[2]戈蒂耶走到圆屋的中心，登上两级台

---

1   Théophile Gautier, *Photosculpture* (Paris：Paul Dupont，1864)，5. 戈蒂耶的小册子截取自 *Moniteur universel* (January 4，1864)。

2   Paul de Saint-Victor, "Photosculpture," *La Presse* (January 15，1866)，转引自 Jean-Luc Gall, "Photo/Sculpture：L'Invention de François Willème," *Etudes photographiques* 3 (November 1997)：65。

阶,站到一个台子上,他的头处在一个银色吊灯下方,后者则吊在正上方的圆顶中央。"他把帽子挂在衣帽架上,手抓着大衣的翻领,目视远方。"[1]一个操作员吹了声口哨,24 架照相机的镜头便一齐打开。这 24 台装置被安全地掩藏在圆屋四周的假墙后。"每架照相机的镜头前都有一个原始的快门控制装置;这些快门相互连接,所以只要拽一下绳子,就能得到 24 张同时曝光的照片。"[2]随着第二声口哨,曝光结束了。整个过程用了不到十秒钟。

繁星大道上的这座圆顶建筑不是用来装小型动物的动物园,而是一个结合摄影与雕塑艺术的摄影室。摄影室名为"法国的照相雕塑"(Photosculpture de France),是艺术家弗朗索瓦·威廉新创立的一个商业项目。1860 年 8 月 14 日,威廉在法国为其申请了专利,并命名为"照相雕塑工艺",这种技术可以用相对快速、廉价的方式生产肖像雕塑。[3]

把太阳当作一位摄影师的想法可真是奇妙,戈蒂耶想道,"但太阳也可以是一位雕塑师!想象力在如此奇观之下如卷轴般延展开来"[4]。或者,也如作为记者和编辑的亨利·德帕维尔所称:"雕

1 Wolfgang Drost, "La photosculpture entre art industriel et artisanat: La réussite de François Willème (1830 – 1905)," *Gazette des Beaux-Arts* 106 (October 1985): 113.

2 Sobieszek, "Sculpture as the Sum of Its Profiles," 621.

3 François Willème, "Photosculpture Process," French patent number 46, 358, August 14, 1860. 增补部分也可参见 April 6, 1861, September 9, 1863, and June 14, 1864。

4 Gautier, *Photosculpture*, 4. 更多摄影术与雕塑的复杂关系可参见 Bogomir Ecker et al., eds., *Lens-Based Sculpture: The Transformation of Sculpture Through Photography* (Cologne: Walter König, 2014)。

塑师与太阳将彼此帮助，在 48 小时内创造一座迄今为止逼真度无可比肩的半身像或塑像，它的轮廓如此粗犷，与真人却又如此形似。"[1] 诚然，威廉有意夸大了这项发明的魔力，他把这些装置藏于被拍摄者的目光之外，使其浑然不知描摹如此精确的雕刻过程是如何发生的。而实际上，后者只要沐浴 10 秒钟的阳光即可（图 1）。

虽然看起来像一场魔法，但其实只有在技术娴熟的操作师完成各种步骤之后，雕塑才能成型。照相结束后，工匠们会用一个走马灯式的幻灯装置将每一张照片投影出来[2]，并用比例绘图仪跟描每个投影的轮廓，然后将这些投影刻在陶土胚上。"很大程度上，人工因素会对作品产生重大的影响。"[3] 工匠会把陶胚按照每张照片的编码依次旋转 15 度，并最后产出雕塑的粗雕版本。"现在则需要用手或者用工具把相对粗糙的表面抹平，并且把不同轮廓或侧面之间的沟壑填补完全。这是整个环节最细致的部分，因为如果想要做出满意的作品，艺术家就需要拥有足够的品位和判断能力，以及通过各种精加工打磨作品的能力。"[4] 在戈蒂耶眼中，这种技艺完全是种魔法。"每个数字都有着属于自身本质的线条，

---

1 转引自 Sobieszek，"Sculpture as the Sum of Its Profiles，" 622。

2 "威廉几乎总是用一架四分之一幅的页片折叠相机拍摄，相片里面的底片差不多有 11.5 厘米之高。"（Sobieszek，"Sculpture as the Sum of Its Profiles，" 619.）

3 Philippe Sorel，"Photosculpture：The Fortunes of a Sculptural Process Based on Photography，" in Françoise Reynaud et al.，eds.，Musée Carnavalet，*Paris in 3D: From Stereoscopy to Virtual Reality 1850 – 2000*（London：Booth-Clibborn，2000）：82.

4 Anonymous，"Photo-Sculpture，" *Art-Journal*（1864），141.

有着展现它自身特征的细节。大量的陶土被挖走、削薄，然后被赋予了形状。面容的特征浮现出来，衣服的褶皱被绘制出来：映象变为形式。"[1]雕塑师的手被机械化的技术代替，被辅之以摄影术的中介力量，而最终的力量源泉则是太阳的光线。**有谁敢说太阳是错的呢**？（Solem quis dicere falsum audeat?）

威廉的瞬时雕塑（sculpture instantanée）尝试将雕塑肖像作为一种流行工业艺术推广至新生的现代中产阶级内部，这其实与肖像名片（carte de visite）对摄影术的改变如出一辙。[2] "他愉快

1　Gautier, *Photosculpture*, 8.

2　因为照相雕塑所结合与用到的设备数量不一，照相雕塑的起源十分复杂。除了肖像名片，也可以去考察吉勒-路易·克雷蒂安（Gilles-Louis Chrétien）与埃德姆·克内代（Edme Quénédey）于18世纪发明的面相描绘术（physionotrace）。这一技术的起源是希腊神话中的科拉，她将情人影子的轮廓描在了墙上。面相描绘术也与颅相学关系紧密，对后者最有意思的分析来自黑格尔的《精神现象学》里"对自我意识与其直接现实的关系的视察"一章。G. W. F. Hegel, *The Phenomenology of Spirit*, trans. A. V. Miller (Oxford: Oxford University Press, 1977), 185–211. 迪迪-于贝尔曼曾提醒他的读者："黑格尔去世时，涅普斯与达盖尔的合作已将近两年。"Georges Didi-Huberman, *Invention of Hysteria: Charcot and the Photographic Iconography of the Salpêtrière*, trans. Alisa Hartz (Cambridge, MA: MIT Press, 2003), 30. 另一项发明面相印版术（physionotype）虽然与面相描绘术不同，但也有一定的联系。它由船舶设计师、发明家皮埃尔-路易-弗雷德里克·绍瓦热（Pierre-Louis-Frederic Sauvage）于1835年左右发明，这个由像点组成的网状物可用于捕捉面部表情。茹安维尔亲王（Prince de Joinville）在其回忆录中写道："我在1835年的时候因为另一个发明——面相印版术——认识了绍瓦热，它能够以数学般的精确度绘制任何人的面容。但因为所有人把脸放进这个装置时都做出了痛苦的表情，所以即使最后的画像很准确，也仍然丑得出奇。"Prince de Joinville, *Memoirs*, trans. Lady Mary Loyd (New York: Macmillan, 1895), 298.

地幻想着，这些 35—55 厘米高的照相雕塑能够像达盖尔相片（daguerreotypes）一样，摆在中产阶级沙龙里当装饰品。"[1] 威廉甚至把这些雕塑肖像称作雕塑名片（Bustes-Cartes）。当时的一位评论者写道："它们确实和所有相片有着一样的外表，它们的形状与比例是如此准确，表情也如此自然；它们实际上就是立体形式的'肖像名片'。"[2] 在 1863 年至 1868 年大为流行时，照相雕塑也在英格兰与美国有了分支。这一技术在 1863 年的巴黎工业宫展览会与 1864 年的维也纳万国博览会大获成功，威廉也在维也纳展出了 23 座雕塑。威廉在 1867 年的巴黎万国博览会上获得了最后的一次成功，此后，他便退出了照相雕塑的事业。1868 年，他的公司也消失于世。

"对威廉的工艺流程有如下两个发现，"菲利普·索雷尔写道，"首先，它吸取了 16 世纪中叶由本韦努托·切利尼提出，并在 19 世纪末得到罗丹支持的理念，即一尊雕塑是观察各种侧面的总和；其次，它结合了柏拉图意义上的两种雕塑工艺——移除材料（切割）与添加材料（赋形）。"[3]

因此，照相雕塑与连续摄影术（chronophotography）有一种奇怪的关系，后者作为一种在连续时间内拍摄多张照片的技术，被艾蒂安-朱尔·马雷与埃德沃德·迈布里奇发扬光大。两种技术都是数码技术——如果我们将数码视作任何一种基于离散单位

---

1 Drost, "La photosculpture entre art industriel et artisanat," 124.

2 "Photo-Sculpture," *Art-Journal*, 141.

3 Sorel, "Photosculpture," 82. 索别谢克同时认为，罗丹也曾使用过多重侧面轮廓像的技术。

的表现形式的话——它们的数码性很明显。连续摄影术的数码性则源于其运用了一系列离散的照相图片，并将各个图像绕在了时间的纺锤上。连续摄影术并没有对照片进行分析，它依靠的是对不同侧影的分析。

正如人们或许会在谈论电影时提到残像的交融（fusion of afterimages）——或者"闪光融合"（flicker fusion）——在这里，他们也可能提到雕塑各部分的融合。换言之，这些人像的轮廓像代表着同一维度内离散的样本，后者可以被重组为一个连续的形式。"因为连续性规律的存在，所以要想重组出一个半身像，并不需要无限多的轮廓像。它们达到一定的数量就足够了，比如 48 个就可以完成。"[1]

威廉在研究伊始并没有使用陶土，而是用薄木板组装出了一个女子头部的原始模型（图 2）。"威廉可能在 1861 年 5 月向法国摄影协会展示了这个木质头像，并在其间阐述了这项新工艺。但生产这个头像的工艺与他后来研发并推广的工艺并不相同。在拍摄了 50 张不同角度的雕像照片后，威廉把 100 块木板两两相拼，根据拍摄的轮廓像切割出相应的形状。"[2]因为精神物理学中有着对人类感知而言"刚好可以察觉的差异"这一概念，威廉也对数码切分的间隔进行了实验，以期得到最佳的尺寸。由此，他 1861 年创制的女子头像在纵向上拥有着 3.6 度的"分辨率"。在

1　François Moigno, "Photo-sculpture: Art nouveau imaginé par M. François Willème," *Cosmos* 18 (May 17, 1861): 549–50, 引自 Sobieszek, "Sculpture as the Sum of Its Profiles," 617.

2　Sorel, "Photosculpture," 81.

图 2 未完成的照相雕塑:女子头部的肖像,弗朗索瓦·威廉

来源:乔治·伊士曼博物馆,1861 年

后来确立了 24 台相机的技术模式后,分辨率便降低至 15 度,也就是原来的四分之一。

卡娅·西尔弗曼认为,摄影术是"世界向我们揭露自身的原初方式"[1]。但威廉的技术却揭露了一些深刻的事实:存在着一个摄影术的历史支线,而**在其中,视点没有任何意义**,或者说视点并非只有唯一一个。视点,无论数量几何(比如在蒙太奇中),已经

---

[1] Kaja Silverman, *The Miracle of Analogy: or, The History of Photography, Part 1* (Stanford, CA: Stanford University Press, 2015), 10.

强烈地主导了人们对摄影术、电影与视觉文化的普遍观念，这也使得威廉的技术所产生的影响在一开始很难被人理解。但领悟两件事颇为关键。第一，我们必须大大增加空间内视点的数量——这并不只是要加到 2 个或者 4 个，而是加到 20、100 或者 1000 之类的大数字。第二，我们必须将这些多重视点在时间层面理解为共时的存在；也就是说，我们必须抛弃多重摄影术的基本前提，即在给定时间内同时处理单一图像的概念。重中之重在于，要让所有相机的光圈同时打开、同时关闭。而最后得出的视点，也并非像手持电影机一样是"有动势的"。相反，视点是可移位的（metastable），并在同一时间内跨越了 24 架照相机。威廉的视觉模式让 24 个视点在同一时刻相互叠加，形成了视点的总和。

在连续摄影术或电影中，多个视点的存在便意味着选择或合成。换言之，意味着蒙太奇或拼贴。艺术家要么使用蒙太奇来进行串联，也就是选择图像出现的顺序与时间，要么就将两张或多张图像合而为一，构成一张新的图像。相反的是，威廉的视觉模式并非基于选择或合成。它是可移位的。威廉将视点叠乘为一个"虚拟"视野，创造了一个同时存在于 24 个离散装置中的虚拟相机。威廉并没有对 24 条信息流进行选择或排除；他也没有将它们反向合成为一张单一图像。他原封不动地保留了这种可移位的视点，也就是作为可被操控的视觉模型。

威廉摄影室的建筑结构（图 1）与杰里米·边沁设计的全景敞视监狱十分类似，后者为一幢圆形建筑，牢房围绕着中心点分布于四周。而在威廉的摄影室中，视觉的方向则反了过来。全景敞视监狱的观察点处于中心，使狱卒的监视之眼得以查看四周的牢房。而威廉的摄影室则将囚犯的视点确定为中心，24架相机凝视的镜头则环绕四周，向内看向唯一的视觉对象。威廉不仅翻转了全景敞视监狱，也翻转了传统暗箱（camera obscura）结构，对于后者而言，自然光穿过单一的镜头后将产生单一的图像。威廉把镜头从1个增加至24个，并将视点方向从向外改为向内，并让它们在同一时间工作。[1]

在保罗·圣维克托看来，这种摄影视点的移位并没有导致抽象、全知凝视的出现，而是导向了拥有纯粹物质性与内在性的（immanent）图像——但这个图像死亡了。"这一实用、不显眼的艺术品的真正任务，在于将雕塑引入私人生活中，并让摄影图像实现永恒——而实现的方式则是让其僵死。"[2] 那么让摄影术僵死意味着什么？僵死的摄影术代表着它终于脱离了暗箱的巨大的阴影，并将摄影术变为一种可塑的艺术（plastic art）。这种摄影术脱离了暗箱单一光圈的限制，并将自身涂抹在了无线视点组成的网格上。它抵消了时间之轴，并让空间之轴得以彰显。

1　在其权威文章《监视与捕捉》中，菲尔·阿格雷描述了摄影、电影之类的"监控"装置与像电脑一样的"捕获"装置有何区别。参见 Phil Agre, "Surveillance and Capture," *New Media Reader*, Wardrip-Fruin and Montfort, eds. (Cambridge, MA: MIT Press, 2003), 737 - 60。

2　引自 Jean-Luc Gall, "Photo/Sculpture: L'Invention de François Willème," *Etudes photographiques* 3 (November 1997): 76。"僵死的摄影术"一词为加尔首创。

2
无深度的诸种维度

在《图像方法》中，艾蒂安-朱尔·马雷描述了其一生之中发明的各种书写机器，以及为满足科学研究要求而调适它们的过程。全书大部分在讨论如何在纸卷上绘制波形。而马雷也时不时地将切断成段的波形曲线做成可量化的条状，并将其变成数码的符号系统。该书的第二版增加了一篇文章，《使用摄影术对图像方法的发展》，马雷在其中重述了他迄今为止研究的核心焦点："运用记录针在旋转的滚筒上进行图绘，用机械铭刻实现对运动的记录。"[1]

在 1899 年 1 月 29 日星期日，将近 70 岁的马雷于法国国立工艺学院举办了一次讲座。他在讲座期间详尽讨论了摄影术的发展，特别是 19 世纪 70 年代发展起来的连续摄影（在一定时间内拍摄多张照片）。1873 年，马雷在法国科学院的同事 M. 科

1　Étienne-Jules Marey, *La méthode graphique dans les sciences expérimentales et principalement en physiologie et en médecine* [Paris: G. Masson, 1885(2nd edn.)], 1.

尔尼向全院展示了"在同一张底片上成功拍摄的四张太阳的照片"。然后"在差不多同一时段（1874年12月）"，身为默东天文台台长的天文学家皮埃尔-朱尔-塞萨尔·让森前去日本，拍摄了金星凌日的照片。当时使用的相机是一台连续摄影设备，能够以固定时间间隔对天空进行拍摄。[1] 上述为连续摄影术的一些早期案例，但它们很快便有了后继者。马雷解释道，"等到1878年，旧金山的摄影师迈布里奇才开始大量拍摄时间间隔极小的动物运动影像"[2]。马雷也在讲座中陈述了自己的贡献——摄影枪（the Photographic Gun）：它由一个光圈和一个旋转的底片盘组成，可以快速拍摄一连串的照片，而上述一切都装载在一个猎枪样式的装置之中。[3]

1873年至1883年间的确发生了一系列巨变。摄影术开始产生分支，并再次进化。这些巨变显见于法国，但德国与美国也有着较小程度的变化。[4] 作为媒介的摄影术也拥有了很多种不同的

1　Étienne-Jules Marey, *La chronophotographie* (Paris: Gauthier-Villars, 1899), 5 - 6.

2　Ibid., 6.

3　将照相机与枪结合并非马雷的首创。参见 Josef Maria Eder, *Die photographische Camera und die Momentapparate* (Halle, 1892)，该书描述了许多新奇设备，比如福尔博士的摄影枪（587）与 E. 冯·戈特哈德的摄影枪（589）。

4　奥托马尔·安许茨（Ottomar Anschütz）因其发明的快速看片器"Schnellseher"而闻名。早在1884年，他便开始了连续摄影术的实践，并最终采用了固定底片与多镜头装置。像埃德沃德·麦布里奇一样，他拍摄了马运动的侧面影像与人运动时的影像。他也像乔治·德梅尼一样拍摄了人说话时的连续肖像。"1886年夏天，奥托马尔·安许茨带着改进后的新式（接下页）

未来。许多未来中的一个可能性扎下根来——然后故事便如此进行下去——最终衍生为电影与运动影像。另一种未来在世界面前凋谢了，只在部分情境中取得了有限的成功。

书写摄影术的历史学家使用的标签有点烦琐。他们把第一种方式称作"活动底片（moving-plate）连续摄影术"，因为照相机拍摄多张图像的方式为移动单一镜头下的底片。第二种则被称为"几何（geometric）连续摄影术"，因为在拍摄多张图像时，相机并不会移动底片，而是将图像以重写本（palimpsest）的方式叠加在一起。

我十分感兴趣的是第二种方式。就像威廉的多镜头装置一样，几何连续摄影术在保持底部接收层不变的情况下，反复着铭写的行为。结果则是，连续的铭写相互叠加，最终形成了重写本的效果。阅读重写本有点让人晕头转向，但同时，重写本其实与人有着深层次的联系。"如果人的大脑不是一个巨大的自然重写本，那它还能是什么呢？"夏尔·波德莱尔在一篇著名文章中问道，"这个重写本便是我的大脑；它也是你的，读者朋友。想

（接上页）连续摄影设备来到了汉诺威。在戈斯拉尔文化部部长的赞助下，安许茨打造了一套24架照相机组成、快门通过电线连接的设备。每架照相机上都配备了一个由电子节拍器控制的电磁铁，让设备可以在3秒至0.72秒的区间连续拍摄24张照片。安许茨在汉诺威工作时干劲十足，只花了4周便拍出了100套照片，有时一天就能拍15套24张的照片。"Deac Rossell, *Ottomar Anschütz and His Electrical Wonder*（London：Projection Box，1997），8 - 9. 德国运动医生恩斯特·科尔劳施（Ernst Kohlrausch）也在1892年左右拍出了连续影像，他的作品有可能受到了安许茨的启发。科尔劳施的部分连续摄影作品收录于德意志博物馆。

法、图像和感觉永恒地交叠成层，如柔软的光一般落在你的大脑上。每次层叠都好像要掩埋前面的。但实际上，没有一个真正消亡。"[1]

1887 年这张马雷晃动一根长木棍的照片便是几何连续摄影术的绝佳例证(图 3)。当马雷操持着木棍，在时间流中持续地展示一条直线，并使其产生形状时，这一技术的几何特质则跃然图上，就像有人在图纸上为方程式取多重解一样。这个物体将自身绘制成了动态的数学图像。[2]

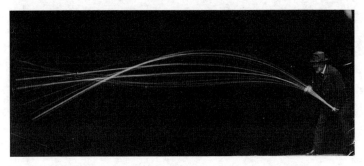

图 3　晃动一根有弹性的棍子，艾蒂安-朱尔·马雷

来源：法兰西公学院档案馆，1887 年

1　Charles Baudelaire, *Artificial Paradises*, trans. Stacy Diamond (New York: Citadel Press, 1996), 147.

2　底片固定的连续摄影术也有其他案例，可见于德梅尼(Demeny)的《在圆柱与双曲面体上构建规则平面，拍摄白色电线在黑色背景中的连续旋转》。参见 Georges Demenÿ, *Conférences publiques sur la photographie théorique et technique* (Paris: Conservatoire national des arts et métiers, 1891), 11. 虽然较为少见，但这种效果在电影中也时常出现，可能其中最好看的来自诺曼·麦克拉伦(Norman McLaren)的《双人舞》(1968 年)。

媒介理论家西格弗里德·齐林斯基（Siegfried Zielinski）从"连续"（succession）的角度分析了马雷的模型，并将马雷偏好的路径与加利福尼亚的迈布里奇进行了对比：

> 有了他那套复杂的照相机装置，迈布里奇将运动的各个阶段变为冻结的瞬间，并生成了连续的图像。每张图像都在一个分隔开的底片上，或者拥有自己的相框。他将不同角度的图像按顺序并置一处，从而统合了运动发生的空间。而马雷则关注将运动以时空连续统一的方式加以呈现。他用单一相机的镜头将图像凝缩，并特别喜欢把连续的图像融合进同一张底片或胶片带上。[1]

当然，迈布里奇与马雷先后尝试了多种技术，他们的成果也没有完全遵循单一的类型。但无论如何，马雷偏爱单镜头的设备，这也需要他不断移动底片（以创造成列或成圈的图像阵列），或满足于叠绘在单张图片上的光影。

正如以文字为内容的重写本需要把新词叠写在旧词上一样，图像的重写本也要让新的光影叠在旧的之上。后者的图像虽然也是对运动的记录，但实际上并非如此，它记录了特定物体在其运动范围内的全部可能性空间。通过一架捕捉连续图像的相机，过去与现实实现了交融。

1　Siegfried Zielinski, *Audiovisions: Cinema and Television as Entr'actes in History*, trans. Gloria Custance（Amsterdam：Amsterdam University Press，1999），58.

图 4　阿尔伯特·朗德 1891 年的十二镜头连续摄影机

来源：巴黎国立高等美术学院

　　几何连续摄影术则倾向于将图片离散化。图像被分隔至两个维度之中。图像的每个小片段都拥有自身的领地；这些独立片段互相结合，并拼出了一个整体。试想詹姆斯·恩索尔 1899 年的画作《被面具包围的自画像》（图 5）：这张图片流露出强烈的拼贴画与集锦摄影风格，两者于 19 世纪末期风靡一时。在这里，图像复制为许多空间性的单元，并通过拼贴的方式相互缝合了起来。

　　确实，如果我们采用一种虽然简单化但符合习惯的看法，认为活动底片连续摄影术促成了电影的出现，那么认为几何连续摄影术反哺了绘画也就不足为奇了。正如玛尔塔·布劳恩与其他艺术史学家所发现的，几何连续摄影术对马歇尔·杜尚的《下楼

图5 《被面具包围的自画像》,詹姆斯·恩索尔

的裸女》或贾科莫·巴拉的《被拴住的狗的动态》均产生了影响。[1]

"技术的突飞猛进使得一种全新的贫困降临人世,"瓦尔特·本雅明面对人类经验在现代生活的铁笼中日渐颓圮时,曾如此哀

---

1 特别参见该书第 7 章,"Marey, Modern Art, and Modernism" in Marta Braun, *Picturing Time: The Work of Etienne-Jules Marey（1830 -1904）* (Chicago：University of Chicago Press, 1992), 264 - 318。同时可参见 François Dagognet,*Etienne-Jules Marey* (New York：Zone, 1992)。

叹道，"我们需要回想一下恩索尔杰出的画作，画中伟大城市的街道上尽是幽灵；穿着狂欢节伪装的庸人在大街上无尽地游荡，他们的脸上涂着粉，头上戴着纸板做的皇冠。这些绘画可能恰是这种恐怖、混乱之复兴的体现，而又有太多人对这场复兴寄予厚望了。"[1] 也正如本雅明所深知的一般，这些庸人离不开支撑他们存在的庸人美学。

因此，几何连续摄影术在两重维度间，通过重复分割的片段将视觉空间化了。它生成了一种原始的数码重复模式，这种模式在后来被规范化为位图化图像的标准网格。在这种意义上，几何连续摄影术偏向于让维度扁平化，并降低深度的重要性。但与此同时，这些递归循环的复写本既有深度，也有广度。本雅明的评论并不只是现代社会扁平化的寓言，相反，本雅明也十分清楚，现代性对个体进行了深度改造，并构建了一个复杂、多层面的个体心灵，而后者最终在图像中化作幽微可见的表征。

试想在莫里斯·梅洛-庞蒂的现象学中，深度是如何成为最重要的维度的。这是因为它与感知维度者的存在相绑定。而如果深度被短缩法（foreshortening）消解了，那么所有与检验现代人相关的要素也会一并消弭：

> 相比于其他空间维度，深度更直接地迫使我们拒斥
> 对世界的先入之见，并让我们去重新发现其中涌现的原

1　Walter Benjamin, "Experience and Poverty," *Selected Writings, Volume 2: Part 2, 1931 - 1934* (Cambridge, MA: Harvard University Press, 1999), 732.

初知觉：可以说，它是所有维度中最具"存在性的"，因为（贝克莱这里的观点是正确的）它并没有附加在对象之上，而是非常明确地属于视角，而非物体。因此，它既不能被意识提取出来，甚至也不能被充分认知。它宣示着物体与我之间某种不可化约的联结，而我则被放置在了它们的面前。[1]

或者看看照相机的镜头吧：它是摄远镜头，十分依赖指代纵深的那条坐标轴，而后者则能产出视觉上最扁平的图像。同理，在递归性的复写本中，任何 x 轴与 y 轴上被复制的维度，都因为 z 轴的时间性深度而在技术与符号意义上被放缩了。最终，那些看起来像是一个个小单元的东西，却也同时极具深度。

1　Maurice Merleau-Ponty, *Phenomenology of Perception*, trans. Colin Smith (New York: Routledge, 2004), 298.

3
平行的图像

当然，下面这一套阐释当代媒介来由的方式已经是老生常谈了：重访 19 世纪，重提摄影术和电影起源的老话题，致敬那些对艺术内部增长的技术异化感到焦虑的勇者——波德莱尔或本雅明（或海德格尔及阿多诺），看你口味了——然后再找找图像宏大进化史中或这或那、被忽视的历史细节，而这一历史则从思想与记忆进展到造型与视觉艺术，再到自动相机与运动影像，最终以数码作结。

到了今天，连如何回应这些张口即来的历史，都像提前排练好了一样。给 19 世纪的连续摄影术贴上"前电影"（pre-cinematic）的标签会冒犯许多历史学家，因为这不仅将真实历史的具体性减损为一种特定进程内部的、工具性的前史，让它必须以一种特定方式展开——并以好莱坞为其最终的命运——它还带着一种现在主义（presentism）的味道，在后者的理解中，为了叙述**我者**特殊的故事，过去便要在舞台上按需扮演各种角色。因此，埃德沃德·迈布里奇与艾蒂安-朱尔·马雷便因为他们今天具有的意义，而扮演了不同的角色。但这丝毫没有顾及如下事实：连续摄影术只是马雷生涯的一小部分，马雷主要想分解动作而非接合动作，两人都没有资格宣称自己发明了这种技术，另外，最有意思的连续摄影术专家肯定是阿尔伯特·朗德。

实际上，迈布里奇的照相场地有一个重要但经常被忽视的细节，那就是该场地是围绕 24 架排成直线的照相机组而建立的。当然，它的占地面积肯定不小。准确地说，迈布里奇的"照相机"也并非普通的相机；它是一个照相**阵列**，是一系列相机与快门的延伸，并能够捕捉很大一片空间内发生的运动。迈布里奇的摄影事件正是以繁多的镜头为基础，而不简单地依赖创造繁多的照片。另外，迈布里奇也经常用双视角或多重视角来拍摄各种运动。比如，他会同时在侧面和背面，或侧前方和侧后方进行拍摄。这种拍摄通常是历时性（diachronically）的系列摄影，但它甚至也可以进行同时拍摄，并将单一的瞬间以多角度定型。[1]

自弗雷德里希·基特勒所做的高尚贡献之后，媒介的历史反倒被锁在了一种卑贱的叙事之上：1900 年是连续性时代的开始，连续的图像则是沿着直线向前吐出的机械图像，活像是机关枪嗒嗒作响的火舌。[2]

1　举例而言，可参见 Illustration 24, "A Horse Rearing" in Eadweard Muybridge, *Animals in Motion* (New York: Dover, 1957), 72, 或 the "images of two athletes taken simultaneously from five different camera positions, 1879," 原作被复制于 Braun, *Picturing Time*, 48。

2　这一观点可见于 Friedrich Kittler, *Discourse Networks*, 1800/1900, trans. Michael Metteer and Chris Cullens (Stanford, CA: Stanford University Press, 1990), 以及 Friedrich Kittler, *Gramophone, Film, Typewriter*, trans. Geoffrey Winthrop-Young and Michael Wutz (Stanford, CA: Stanford University Press, 1999)。虽然后者自身也是一部艰深的著作，但基特勒仍将其戏称为"少儿版《话语网络》"。

　　基特勒对 20 世纪头十年媒介的理解在很多层面上是正确的。然而，也存在着与基特勒文中所述不同的、平行于第一部历史的一条历史暗脉(alternate history)，它的起源和结尾均与前者不同。连续摄影术的进化有着另一个故事，而它将带领我们前往意想不到的地方：不是连续的，而是平行的；不是线性的，而是多线交杂的；不是运动图像，而是信息模型；简而言之，不是电影，而是计算机。这就是多镜头装置的故事，它始于 19 世纪 60 年代的威廉，而在 80 年代被朗德与其他人重拾起来。

　　1883 年 8 月 3 日，朗德向法国摄影协会展示了一台多镜头装置，并在法国《自然》(La Nature)杂志上发表了关于其"光学-电子照相机"的文章，该装置由九个镜头组合成圈，可以在一定时间内按顺序拍摄。朗德的装置及其拍摄的照片，看起来很像一面钟表的表盘，而拍出的照片则分布在每个小时数字的位置上。回想一下，马雷在一年前刚刚将技术命名为"连续摄影术"，(其中表示"时间"的"chrono-"前缀)也强调着该技术与钟表的联系。[1] 朗德往照相机上安了一个节拍器，以此控制拍摄的时间。"朗德 1883 年发明的光学-电子照相机处于雅森与迈布里奇两种对立装置的交汇处：它可以像前者一样通过转盘拍摄一系列影像，也可以像

1　罗兰·巴尔特在流逝的瞬间中发现了摄影术的这种特质："我喜爱铃铛、钟表、手表——我也能回想起，一开始的时候，摄影时间也与家具制造和实现准确性的技术相关；简言之，照相机便是用来看的钟表。"参见 Roland Barthes, *Camera Lucida: Reflections on Photography*, trans. Richard Howard (New York: Wang and Hill, 1981), 15。

后者一样拥有多重视角。"[1]差不多与朗德处于同一时期的马雷也在实验这种技术,但最终因为觉得太过繁杂而很快将注意力投向了他的单镜头装置。[2]

虽然多镜头照相机与拍摄肖像名片、小一点的肖像徽章的装置对于立体视法(stereoscopy)而言,是重要起源,但朗德的九镜头光学电子照相机因其在单一装置内组合镜头阵列的方式,成了光学媒介历史的重要里程碑。[3] 该装置可以像钟表指针一样转动,无视起点或终点,而操作相机的人则需要记录相应的起点,并手动让钟表停止转动,以免产生双重曝光。

朗德当时的工作地点是萨尔贝提耶尔医院,他在那里使用

1　Denis Bernard and André Gunthert, *L'instant rêvé: Albert Londe*, 1858 - 1917 (Nîmes: Éditions Jacqueline Chambon, 1993), 203.

2　除了活动底片与几何连续摄影装置,马雷"也尝试过一台多镜头照相机,该相机的镜头在拍摄时依次打开,按顺序对其后的底片进行曝光。迈布里奇于1882年7月17日将这种工具的草图寄给了马雷,但马雷当时已经很熟悉他的朋友阿尔伯特·朗德所使用的多镜头照相机了。……马雷仿制的朗德版照相机只留存了一张照片——马雷扔石头的照片,摄制于1883年冬天。……操作这台相机最大的困难在于确保光线进入每个镜头时只会进入一次。为了确保这一点,他需要安置一个二号快门,该快门会在转盘旋转时打开,然后便会立刻关闭。但二号快门的工作方式与速度会导致'强烈的震动',马雷记录道,'这肯定会影响机器的寿命'"。Braun, *Picturing Time*, 85, 91.

3　除了其他的那些新奇装置,约瑟夫·埃代(Josef Eder)也在其书中收录了一个九镜头"肖像徽章照相机",以及戈尔德名为"轮形照相机"(Vélographe)的六赛璐片格式相机,后者将摄影对象投射在一张底版上,并让赛璐片分别曝光。参见 Josef Eder, *Die Photographische Camera und die Momentapparate* (Halle, Saxony-Anhalt: Wilhelm Knapp, 1892), 449, 452。

相机,并听命于让-马丁·沙尔科。"摄影术分解了运动,"他写道,"这么一说,研究这一领域的学科有什么能比医学更好呢! 如果有无法行动的病人,那就会有四处乱动的其他患者! 在这里,我指的是那些神经系统有病症的人,比如患癔症-癫痫、严格意义上的癫痫的人,以及其他各种病人。"[1]朗德将连续摄影装置搬进室内,以此将其改装并运用于医学。不再有迈布里奇的马,也不再有马雷在空地上的轨迹摄影了。朗德的拍摄对象是躺在床上的,其中许多是女性。朗德使用一条继电器控制的线路来远程操控相机,使得装置可以与医生和病人保持安全的距离,而这种精心设计的方式则让女病人习惯了该装置的存在。

"朗德似乎很喜欢给得癔症的'女主角们'拍摄,"琼·科普杰克写道,"因为他给沙尔科送来了三个最著名的人物:路易丝·格莱兹、阿方西娜·巴尔、布朗奇·威特曼。这三位女病人的特异之处在于,她们都能很好地对催眠做出反应。她们也因此在法国境内的医院之间来回周转,参与各种医疗和法律实验。"[2]

---

1 Albert Londe, "La photographie en médecine: appareil photo-électrique," *La nature* 535 (September 1, 1883): 215.

2 Joan Copjec, "Flavit et Dissipati Sunt," *October* 18 (Autumn 1981): 24. 有关沙尔科、朗德、马雷、弗洛伊德之间的复杂关系,也可参见 Mary Ann Doane, "Temporality, Storage, Legibility: Freud, Marey, and the Cinema," *The Emergence of Cinematic Time: Modernity, Contingency, the Archive* (Cambridge, MA: Harvard University Press, 2002),以及 Thomas Elsaesser "Freud as Media Theorist: Mystic Writing-Pads and the Matter of Memory," *Screen* 50, no. 1 (2009): 100–13.

朗德继续对多镜头照相机的研究，并在 1891 年改用了十二镜头装置（图 4）。这台新相机的镜头放弃了之前的圆形布局，改用二维阵列的方式排布。继迈布里奇的多镜头装置以及 1886 年奥古斯丁·勒普兰斯的"类别-16"照相-幻灯机之后，朗德 1891 年的格状照相机成了当时最重要的照相装置，因为该相机让摄影视点的数量大大增加了。"就像设备的大小不会有什么限制一样，镜头数量也是无限的，"朗德解释道，"因此，我们可以拍出任何数量的照片，只要改变镜头的数量就好了。"[1] 朗德并没有仅仅沿着时间线扩增图像，而是在不同空间扩展了相机视点的维度。他的装置拒斥了文艺复兴透视法发明以来，占主导地位的单镜头单一视点，从而转向了多重镜头组成的矩阵。

但在马雷眼中，朗德的装置是落后的。作为证明，马雷指出，用十二个镜头以略微不同的视点拍摄的对象，会产生摄影术中所称的视差效应（parallax effect）。即使视点之间的差异很小，这种多镜头造成的视角扭曲对于马雷而言也是不可接受的。对他而言，科学的准确性永远高于一切。但朗德也是一名科学家，而他认为，马雷的方法才是落后的那个。马雷想让图像之间相互融合，而朗德需要前后的图像彼此区别。所以视差效应在朗德看来并非缺陷。另外，朗德也对马雷捕捉时间的实践不甚感冒，"它只是要在一秒之内拍到最多的图像"[2]。因为朗德的相机有节拍器控制，时间既能保持给定的节奏，也可以快慢速结合。诚然，一些

1　Londe，"La photographie en médecine，" 217.

2　Albert Londe，*La photographie médicale*（Paris：Gauthier-Villars et fil 1893），107.

医院病人的动作很快，快门速度也要相应增加，但对于其他的病人而言，速度则更慢一些。

多镜头在当时已经得到了普遍使用。特别是 1850—1880 年间，立体视镜（stereoscope）的出现使得其普及程度大大增加。双孔的立体视镜确实是视觉的一大革命，但它在媒介史中却只是个新奇一时的物件而已：虽然无比流行，但最终湮没于视觉呈现的族谱之中。"立体视法的空间是加强版的透视法空间，"罗莎林德·克劳斯指出，"它创造了一种隧道视觉（tunnel vision），其朝着更深之处的退行之感持续不断、无法逃避。"[1]乔纳森·克拉里

---

1 Rosalind Krauss, "Photography's Discursive Spaces," in *The Originality of the Avant-Garde and Other Modernist Myths* (Cambridge, MA: MIT Press, 1985), 136-37. 波德莱尔在论及各种科学玩具时也提到了立体视镜——"我对它没什么好话或坏话可讲"——收录于其文章《玩具哲学》。参见 Charles Baudelaire, *The Painter of Modern Life and Other Essays*, trans. Jonathan Mayne (New York: Phaidon, 1995), 202。立体视镜也作为一个人见人爱的小玩意，出现于托马斯·曼（Thom Mann）的《魔山》中。这部 1924 年写就的小说描述了 20 世纪之交的欧洲："大部分病人站着身子、围成小圈聊着天。两张绿色折叠桌已经摆好给想玩游戏的人了——一张玩多米诺骨牌，另一张玩桥牌，但只有年轻人在打纸牌……第一个社交间里面有几个找乐子玩的视觉装置：第一件是一个立体视镜，你能透过两个镜头看到你插进去的照片——比如一位面无血色、身材僵硬威尼斯的凤尾船船夫；第二个像大长管子的是个万花筒，你先拿一只眼往里看，再用手转一下上面的小圈，就能有五彩的星星和阿拉伯花纹在你眼前如魔法般跃动；最后是一个转动的鼓形装置，你可以往里面放一卷电影胶片，然后在一侧的开口中观看各种场景，如碾磨工和烟囱清洁工扭打一处、男老师鞭打学生、走钢丝的人翻跟头，或是农夫与他的太太笨拙的华尔兹双人舞。" Thomas Mann, *The Magic Mountain*, trans. John Woods (New York: Knopf, 1995), 98.

对这种感觉大体认同,并认为立体视镜催生了在视觉中一种新发现的诡异之感(awkwardness),这种感觉与其通过深度和维度感所提升的真实性程度相当。

> 在这样的图像中,深度与绘画或摄影中的任何东西都完全不同。我们获得了一种持续的"在前方"与"在后方"的感觉,而它们将图像组织为一系列向后退去的平面(receding planes)。事实上,立体视镜中图像的基础组织元素便是**平面**(planar)……因此,立体视镜的对比度或深度并没有统一的逻辑或秩序。如果透视法暗示着某种同质的、可能通过度量而标准化的空间,那么立体视镜便揭露了一个本质上分裂、叠加、由分离的元素所组成的场域。[1]

这种分离性恰恰让马雷远离了多镜头相机。但这种分离性,一旦被重新确立为由变量组成、被精确控制的组合,便会最终成为视觉的有力工具,而非其缺陷。

安德烈-阿道夫-欧仁·德斯代里便是朗德与立体视镜之间所缺失的纽带。作为"御用摄影师"与小型肖像卡(**肖像名片**)的推广人,德斯代里曾经对一种技艺做过优化,这种技艺可以在单

---

[1] Jonathan Crary, *Techniques of the Observer: On Vision and Modernity in the Nineteenth Century* (Cambridge, MA: MIT Press, 1990), 125.

一的底片上印出多张照片，并因此得以增加单一装置产出图像的数量。[1] 在捕捉多张图像时，德斯代里并没有像马雷以及后世的人一样变动底片的位置，而是使用了多个镜头。"另一个十分有用的改进，"他在论及自己的自制照相机时写道，"便是可以在同样的底版上同时拍出多张照片。"[2] 一开始，他使用了一台双镜头"相机，以拍摄立体视镜的图像"，然后把两个相同的相机叠起来，构成一个四宫格的正方形装置。[3] 但德斯代里并没有让镜头以两个一组的方式进行拍摄，这是立体视法拍摄双目视觉(binocular vision)照片的方式，经他改进后，其相机的四个镜头可以在不同时间分别打开。这一方式解放了镜头，让它们可以相互独立运作。立体视镜被限制在了双目视觉的类别之下，而德斯代里的设备则被解放了出来，并能通过彼此区分的各种视觉通道生成平行

1　与路易·德洛梅尼(Louis de Loménie)一样，德斯代里也是《现代画廊》(*Galeriedes Contemporains*)出版过程中的重要人物。该杂志两周出版一次，并在一年中四次结集成册，收录了各名人在当时的生活与肖像。德斯代里曾在宣传材料中夸耀自己为"同类型杂志中的巨擘"，并许诺其提供的肖像包括所有"君主、王子、将军、政要、文学人物、艺术家、牧师、地方行政官、世界金融与外交大鳄、自然之精华。……有了《现代画廊》的陪伴，读者将永不孤单；不管在路上还是乡下，乘坐火车还是远洋邮轮，树荫下还是炉边，你永远会与19世纪的名人亲密无间"。参见 André-Adolphe-Eugène Disdéri, "Galerie des Contemporains," December 1861, AD-1822 (184), box 4, supplement, 2 - 3, 6, La Bibliothèque nationale, Richelieu, Estampes et photographie, Paris。

2　André-Adolphe-Eugène Disdéri, *L'art de la photographie* (Paris: J. Claye, 1862), 99.

3　Ibid., 104.

图像，一开始是四张，后来则更多。[1]

　　德斯代里的摄影术是景观的摄影术，而不是运动的摄影术。他的每张照片都是平行的图像组中的一部分，它们分散在时间之中；而它们并不属于标准的线性时序。德斯代里的装置并不是"前电影的"，在此意义上，它也永远不会如此。相反，德斯代里对单一对象的拍摄是从多角度、多维度出发的。就像他的前辈德斯代里与威廉一般，朗德通过空间的阵列排布增加了镜头的数量，在扩增空间的同时降低了时间的重要性。

　　上述所有改变让摄影的**阵列**得以浮现，这种阵列代表着一套组织有序的离散元素。在马雷的装置中，阵列一目了然，因为照片底片上有着重复的铭刻；对威廉而言，阵列通过空间中多个离散镜头的组合而得以构建；与威廉一道，朗德也在装置中凸显了阵列，他的方法则是让镜头组成网格，而这种网格则昭示了今天数码相机中传感器阵列的出现。

1　迈布里奇也使用了这种技法，但迈氏的镜头排布方式有所不同。"从纽约订购了 12 台极好的斯科维尔相机，而拍摄立体视法图片的双镜头则购自伦敦的达尔迈尔。我打造了一些快反应快门……来控制相机拍摄。"参见 Robert Hass, *Muybridge: Man in Motion* (Berkeley：University of California Press，1976)，109 - 10。

4

摄影模塑

如果说朗德使用自己的多镜头装置时，忘记了用它构建世界的模型（而只是拍摄了它的图像），那么另一个稍显不同、相比朗德更受惠于迈布里奇与威廉的技术，则在 19 世纪 90 年代早期于德国见诸世界。克里斯蒂安·威廉·布劳内和一位比他小 30 岁的学生奥托·菲舍尔，共同发明了一种捕捉身体运动并在三维空间中构建模型的技术。在德斯代里、朗德、勒普兰斯等摄影家迈出试探性的跬步之后，布劳内与菲舍尔则纵身一跃，跳至平行的视觉多维（parallel optical dimensionality）之域。

布劳内和菲舍尔在参与实验的对象周围以圆弧状摆放了多台照相机，这种机位设置与威廉的反向全景敞视监狱异曲同工。这些指向圈内的相机可以同时曝光，并捕捉同一瞬间多重角度的图像。照相机也会先后连续拍摄图片，以多个视点制造出同步的时间流。通过结合威廉装置的平行性与迈布里奇、马雷装置的连续性，布劳内和菲舍尔得以在空间与时间的双重维度中锚定实验对象。而今天，这种技术则成了我们口中的"动作捕捉"。

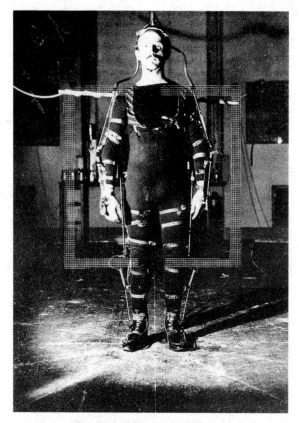

**图6 穿着连续摄影服装以记录并分析人体
运动的实验对象,布劳内与菲舍尔**

来源:威廉·布劳内与奥托·菲舍尔,《人的步态》

布劳内与菲舍尔的实验对象穿着一套由电线与玻璃灯泡(被称作盖斯勒管)组成的服装,外形酷似一个赛博格。这种盖斯勒管与霓虹灯类似,可以在通电时射出光线。实验对象会做出一系列动作,他身上的灯管会在此时闪光,然后围成半圆的四架照相机便会拍下相应的照片。

"布劳内与菲舍尔的试验性设计，其目的在于解决与马雷的技术有关的一个问题，"西格弗里德·齐林斯基如是写道，

> 布劳内与菲舍尔实验中的盖斯勒管平行于四肢的坚硬之处，并被皮带绑紧。一共有 11 条光管。这种设计的优势在于，因为盖斯勒管使用的是感应电流，所以它们能够以很小的时间间隔发出短暂的闪光……（因此）在相机拍摄的照片中，每条四肢都可呈现为独立的线条。[1]

事实上，布劳内与菲舍尔的目的并不是单纯拍摄照片，不管是连续摄影的还是其他种类，都关系不大。他们想的是在 x—y—z 的三维空间中记录准确的数学坐标，并锚定肩膀、膝盖以及身体其他部位运动时的样子。因为采用了多镜头与同时曝光技术，他们可以在最终的图片之间相互测量与参考，这一点与立体视法相机进行摄影制图（photogrammetry）时如出一辙。因此，以连续摄影术为起点的技术，在此时则进化为一种构建立体模型的方式。

为了达到理想的准确度，布劳内与菲舍尔会把连续摄影后的图像放在显微镜下检查，并将手臂、腿、躯干的位置误差校准至小数点的后几位。依靠着每张照片上的标记符号，以及四架相机之间量度上的联系，他们可以在三维坐标轴上用三角测量法算出极

---

1 Siegfried Zielinski, *Deep Time of the Media: Toward an Archeology of Hearing and Seeing by Technical Means* (Cambridge, MA: MIT Press, 2006), 248.

其精准的坐标,也可以针对给定的点生成三维顶点坐标。对布劳内与菲舍尔而言,他们的终极大奖便是数据;照片自身其实大部分只是偶然所获罢了。两位科学家把坐标列出长表,并发表了出来,而这些三维图像则不出意外地与几十年后发明的建筑草图和计算机建模十分类似。

布劳内与菲舍尔的图像虽然只是偶然的副产品,但它们仍然非常复杂。虽然表面上属于几何连续摄影术,但这些图像也有着一种类似"抬头显示器"(heads-updisplay)的效果:图片上叠着一个内含网格的正方形,并且包含着不少其他的标记符号。这种非叙境的(non-diegetic)技术辅助在各种连续摄影术中十分普遍:迈布里奇经常使用带网格的背景;马雷会在图中加上钟表与棋盘状记号以辅助标记。在非叙境技术辅助的加持下,这些细节使得图像偏离了传统的图像表征方式,而转向了与信息和计算更加相关的用途。

但摄影术只是达成目的的一种手段。布劳内与菲舍尔创造性地利用了他们手上巨量的信息。正如威廉借用摄影术来打造雕塑一般,后者则利用摄影术来建造模型(图7)。马雷那尊鸽子飞行的铜制雕塑可能启发了他们,并驱使着布劳内与菲舍尔用大量顶点坐标复刻了人的三维运动模型。如果说马雷的贡献在于几何摄影术的话,那么布劳内与菲舍尔则在原有的基础上为其增加了维度性,并创造出了不同的结果:几何**时间模型**(geometric chrono-models)。而最终生成的,则是一种弥散的、全知的凝视,被尽收眼底的则是一个被精准模塑的世界客体。那个模型可以被转来转去、肆意把玩。

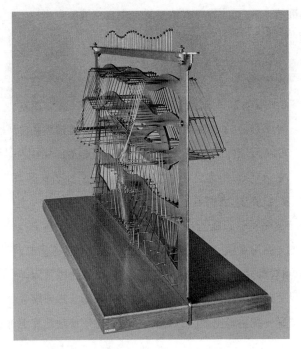

图7 人类运动的模型,布劳内与菲舍尔

来源:法国电影资料馆

从某种意义上说,布劳内与菲舍尔19世纪90年代的三维模型实验与几十年之后的计算机制图有着相似之处。[1] 试想《黑客帝国》(1999年由沃卓斯基兄弟执导)中饱受赞誉的"子弹时间"镜头。[2]

1　更多计算机制图中模型建造的发展史,可参见 Jacob Gaboury, *Image Objects* (Cambridge, MA: MIT Press, 2021)。

2　詹姆斯·霍奇(James Hodge)向我指出,在好莱坞使用这项技术前,其他人也在对这种视觉模式进行实验。20世纪80年代初,蒂姆·麦克米兰(Tim Macmillan)发明了一台被他命名为"时间切片"的摄影机,并将其用在一部名为《死马》的影片中。该片在1998年于伦敦电子艺术美术馆展映。

虽然这种技术已经被人们说成了神话，但其实它根本不是什么高科技。普通的照相机也可以用来在时间流中冻结、旋转场景。只需要准备一个圆弧形的相机套组，然后用些技术手段让它们同时曝光。之后，只要把每张照片拼接成电影胶片带的样子，就可以创造这种效果。因此，在沃卓斯基之前的一百年，并没有什么阻碍子弹时间镜头出现的技术壁垒。而威廉那 24 架弧形排布的照相机其实与拍摄"子弹时间"的摄影台形态极其相似。并且，即便布劳内与菲舍尔只用了几台照相机，他们也达成了类似的效果。

但在 1900 年，也就是基特勒书中具有象征意义的一年，这种"子弹时间"沉寂了，而时间子弹（time bullets）替代了前者的存在。马雷的摄影枪在同一视点、同一场景"摄击"了多张图像，而它们只是被分割成了时间流中不同的照片。每发"子弹"都是独立的照片，它们组合起来时，酷似之后的电影幻灯片。马雷的时间子弹让时间沉淀，并为其定义了固定的频率。

1990 年，时间已经成为电影影像天生的基础设施，而空间呈现、视觉表达则成为电影的变量。[1] 电影通过将时间机械化而将其扭曲，继而提升了世间存有的价值。确实，吉尔·德勒兹也会在之后将"时间电影"（time cinema）称作一种艺术电影（art

---

[1] 有许多文章讲述了建基于文艺复兴时期透视法技术的传统照片，是如何在 20 世纪中叶演变为以容积捕捉技术、多视角、模拟世界为中心的计算机增强照片的。可特别参见 Lisa Cartwright and Brian Goldfarb, "Radiography, Cinematography and the Decline of the Lens," in *Incorporations*, ed. Jonathan Crary and Sanford Kwinter（New York：Zone, 1992）：190–201。

cinema)。[1]

　　但不管在 19 世纪 90 年代还是 20 世纪 90 年代，因为子弹时间的存在，时间本身已经成为一种变量，而空间则被悬置于同时性（synchrony）之中。容量的表达成为媒介天然的基础设施。威廉的照相雕塑，或者布劳内与菲舍尔的时间模型，也因此成为今日电脑建模的先声。而在迈布里奇的多重同时图像与朗德的网格相机中，一种新的路径在视觉的多路传输中浮现。这些方法，以多镜头部署的方式，赋予相机以活力，让它们得以游移他处、变得虚拟。有了对测试对象建立空间坐标模型的方法，将（相机的）运动转译为空间维度也成为可能；继而，摄影术也被转译为一种雕塑之术。

1　特别见其《电影 2》中，以及《电影 1》末尾的论述。Deleuze, *Cinema 1*, and Deleuze, *Cinema 2*, trans. Hugh Tomlinson and Robert Galeta (Minneapolis: University of Minnesota Press, 1989).德勒兹论述弗朗西斯·培根(Francis Bacon)的著作也十分有趣。因为德勒兹在书中明确写道，培根知晓迈布里奇的成果，甚至将其连续摄影术中的审美纳入了其绘画之中，其中便包括了迈布里奇非叙境的标记符号与圆形摄影台。参见 Gilles Deleuze, *Francis Bacon: The Logic of Sensation* (Minneapolis: University of Minnesota Press, 2003)。

5

我们最好的机器造自阳光

计算机是如何学会看东西的？最常见的回答便是：它是从电影中学来的，也就是说，是 20 世纪最先进的视觉技术让它有了看的能力。但电影的那份能力又从何而来？当然是 19 世纪的摄影术了，而后者师从的则是伟大的暗箱。再往前推，是习自太阳本身。这个起源神话听起来干净利索，但或许也太一尘不染了，有点像普罗米修斯从神明那里把圣火传予凡人的老故事。一个引人入胜的故事总会有明显的缺陷：不甚真实，或至少部分并非真相。

计算机是如何学会看东西的？从我刚才那番话看来，最好的回答便是：看的能力并不来源于电影甚至摄影术，而源于雕塑或建筑等相近的领域，特别是建筑模型制作的传统。这种特别的雕塑并不专注于单一完整的对象，而聚焦于复杂的建成环境（built environment）。[1] 这并不是传统上与寺庙、纪念碑，或者洞穴和篝

1　一些学者采取了不同的方法，他们倾向于强调电影与计算之间重要的**连续性**。**尤其可参见** Lev Manovich, "The Automation of Sight：From（接下页）

火相关[莱纳·巴纳姆(Reyner Banham)曾这么说过]的建筑学，
而是计算机在空间可视化中对世界的观看。

这种另类概念——计算机观看时更像一位雕塑家或建模
师——部分与感知和其对象之间的特殊放缩关系相关。如果把
摄影的视觉放缩画为示意图，那么它的形状便会像一个从出发点
向外延展的圆锥，宛如一个犄角。犄角尖处的那个点存在着一个
很重要的东西，它可以是镜头、光圈、眼球或主体。摄影的视觉从
焦点出发，向外面的世界展开，并由此确定在原点近处的对象的
位置。因为人们都认为这与人的视觉十分类似，而后者有着丰富
的焦点(眼、头脑)与圆锥形的视野(人的凝视)，因此这个摄影的
图示也确实影响非凡，并在哲学与文化中占据重要地位。

但人眼实在太过丰富了。眼在生理学上的丰富，让其累积了
过剩的感知能力。眼统摄着其他感官，对后者进行规训，并将它
们的领地划为己有。但眼也有可怜之处，因为它的成功同时也是
一种缺陷。正如暴食者不再能从饮食中体会愉悦一样，眼在纯粹
感知上风卷残云般的优势也阻碍并限制了其他感官。我们便是
那种有着大一号、不对称钳子的招潮蟹，而自己则挥着那只钳子
对萎缩的身体发号施令。

吉尔·德勒兹与菲利克斯·加塔利在形容脸部时认为其是

(接上页)Photography to Computer Vision," in *Electronic Culture* (New York：Aperture, 1996)，229 - 39；Friedrich Kittler, "Computer Graphics：A Semi-Technical Introduction," trans. Sara Ogger, *Grey Room 2* (Winter 2001)：30 - 45；以及 Anne Friedberg, *The Virtual Window: From Alberti to Microsoft* (Cambridge, MA：MIT Press, 2006)。

"解域化的"。他们的观点乍听来是反直觉的,因为脸上安置着各种如眼一样脆弱、复杂的器官。但德勒兹与加塔利之所以将脸视为解域化的,是因为每一天都有巨量的物穿过其中,这些物既有实存的,也有非物质的。相对于皮肤、生殖器,或是身体的任何部分,脸都更加混杂(promiscuous),它让大量的存在物吞吐其间:空气、食物、水,以及从词语、观点到抚摸、亲吻的巨量感觉信号。

但计算媒介最终榨干了眼,并加速了脸的瓦解。确实,计算的视觉也是圆锥形的,但它是倒置的,像一个尖角朝外的漏斗。在这里,感知的主体并没有聚焦于一个密集、丰富的中心点,而是将目光向外弥散至空间的边缘(正如威廉的作品一般)。相反,感知的对象则处于漏斗的尖角,接受着从周围向中心汇聚的输入。因此,如果可以说摄影之眼是**凸出的**(convex),像船首从中间扎入世界一样的话,那么计算之眼便是**凹陷的**(concave),从世界的边缘包抄其侧方并包围着世界。

换言之,建筑、建模,以及所有那些维度与系统复杂度的重要性胜过对象的完整性与某一特殊视角的艺术形式,都处于一个特殊的条件下。这并不是一个待解决的问题,而是一种等待被探索的状态。这个条件很简单:它们都认为对象与世间存有是可被多维度、全方位观看与操控的。工业设计师遇到这种情况的时候更多;而非布莱希特派的戏剧制片人则少一些。建筑师,无时无刻;摄影师,几乎从来没有。柏拉图,当然会了;胡塞尔,可能不会吧。而后来我们发现,计算机建模师也会遭遇这个情况,这是他们每天工作的基础组成部分。

计算的视觉理所当然地认为,对象与世间存有可以被全方位观看。事实上，我在陈述这一观点时应该更坚定一些。计算的视觉理所当然地认为，**观看并不一定需要视点**。它的意思并不只是在说，视觉已经变得抽象了，也不是说视觉已经脱离了主体之锚，这两者其实已经在文艺复兴，甚至更早的时候就发生了。关键在于，观看不再需要一个点了。无可否认，如果我们坚持要在视觉的谱系中将暗箱尊至高位，那么这种叙事永远会回到同一点上；但幸运的是，这些其他的艺术形式（主要是建筑、建模与雕塑的领域）证明了无视点的功用。

"我们最好的机器造自阳光，"唐娜·哈拉维曾写道，"它们都是轻盈、洁净的，因为它们纯粹是信号、电磁波、光谱的一部分。"[1] 从字面上理解，哈拉维当然是错的；电脑就并非造自阳光，而电脑在严格的技术意义上其实也不是光学装置，因为相对于在光照射下的视觉，它更看重数学价值。[2] 但在另一种程度上，哈拉维恰恰捕捉了计算的本质。计算机就是造自阳光，因为它们内部有着光缆和光子开关。在更广泛的意义上，计算机造自阳光是因为，它们由穿梭于物质中的能量构成。另外，计算领域一直致力于使用

1　Donna Haraway, *Manifestly Haraway* (Minneapolis：University of Minnesota Press，2016)，13。

2　计算机是否属于光学媒介，这一点还存在争议。可对比弗雷德里希·基特勒对负片的结论，见 *Optical Media: Berlin Lectures 1999*，trans. Anthony Enns (Cambridge：Polity，2010)，以及伯纳德·狄奥尼修斯·盖根 (Bernard Dionysius Geoghegan) 对此更积极的评价，后者参见 Bernard Dionysius Geoghegan，"An Ecology of Operations：Vigilance，Radar，and the Birth of the Computer Screen，" *Representations* 147 (Summer 2019)：59-95。

数学方程来模拟光的运动，这也让它成为某种"阳光模拟器"。换言之，即便计算机背离了暗箱的指令，它们仍然在使用光。

为了实现对阳光的模拟，计算机图像成批采用了大量文艺复兴时期的技术，从透视法的灭点（vanishing-point）到光能传递均有涉及。弗雷德里希·基特勒等媒介理论家将计算机图像复杂的起源编纂为史，他们在将现代光学科学并入其中的同时，也纳入了很多陌生的前代媒介，如将地址变为点的雷达，当然还有文本与文学自身，而后者则解释了为什么源代码的语言会如此繁杂。[1]（但正规的艺术史叙事还未曾提及计算机图像中固有的审美偏向，就这么说吧，计算机在设想光如何穿过空间时，其想法算不上有实验性，而是十分传统。它的风格与雅克-路易·大卫、M. C. 埃舍尔很像，而与奥迪隆·雷东、詹姆斯·特瑞尔关系甚浅。）事实上，计算机图像的历史很大一部分是**渲染**（rendering）的历史，而后者则是将特定容积的空间投射至一个长方形平面上的技术。

对视觉的抽象表达在古时早已有之。可以肯定的是，它从柏拉图《蒂迈欧篇》中对宇宙哲学的诡谲对话，推进到了开普勒、笛卡尔、牛顿以及其他现代人对光学科学的发展。在文学中，自由间接引语允许将主体性从一个具体的见证人中抽象出来——在詹姆斯·鲍斯韦尔或者华生博士的书中——它成就了一种自由漂浮的观察模式。（帕索里尼认为，这种自由漂浮的观察方式后

---

[1] 例如，可参见 Friedrich Kittler, "Computer Graphics: A Semi Technical Introduction," *Grey Room* 2 (Winter 2001): 30-45。

来被电影完全吸收。[1]）中立视角（neutral vision）这一概念也在经验主义与实证科学的发展中发挥了作用，并在有关无差别之正义（blind justice）、国家机器的无差异性等政治理论中做出了自己的贡献。视点也是绘画中一个恒久的问题，而其中最显见，甚至最老生常谈的例子便是立体主义。

但上述这些方法都没有完全抛弃眼。这些技术仅仅改进了眼的品质，让它不再固定，开始流动，脱离主观，变得客观，或者去除动机，变得中立。在所有角度、所有时间，以所有方式观看，这意味着什么？这不仅仅在问它在抽象、客观、中立意义上有何影响，而是在问它对实在意味是什么。我们可以说，这是一种"伦理"的视觉，因为在伦理的模式中，所有的观点与立场都融合为一种单一、共有的宣言："一切都是爱"；或者放在这里，便是"视点并不存在"。摄影术会说，**这里有一种视觉**（view）；但计算机的版本则是，这里没有视觉，**因为它们全都在这里**。

在历史上，要获得这种伦理的视觉，曾有两种方式：要么通过视觉的多重性（精神分裂的路径），要么将视觉虚拟化［灵知主义（gnostic）的路径］。如果电影是一种精神分裂的机器，这是因为它包含各种跳切、多镜头设置和平行蒙太奇，那么计算机则肯定是灵知性的，因为后者许诺了我们所有时空、所有事物的直接知识（immediate knowledge）。这里还挺具有讽刺意味的，因为在任何艺术类型内部，如果观看不需要视点，艺术本身便会获得一种

1　参见 Pier Paolo Pasolini, *Heretical Empiricism*, trans. Ben Lawton and Louise K. Barnett (Washington, DC: New Academia, 2005)。

前所未有的自由，并可以无限复制视点与视野。相反，视觉性并不会消失——它因此变得可移位了，并在"虚拟相机"的统摄下出现于任何时间与空间。

但毕竟视觉只是计算机的一个变量，与其他变量并无差别。而从建筑制图中继承来的立面图与剖面图，现在也和任何其他输入进来的信息一样，成了可相互化约的存在。这种不受限制的自由则衍生了一种次级的约束：视觉可能性会从无限减少至一些常见的种类。因此，关涉空间与容积之艺术的建筑学，也是一种将视觉规范为立面、剖面、平面图的职业。但我们并不需要将规范性排除至纯粹的本能反应之外。欧几里得坐标系中显见的严格性，实际上为这种审美模式辅以了其十分需要的结构。而这种审美模式，正如我们之前所说，并不存在视点（因为它拥有着所有的视点）。

这一结果则是，这种历史与其说是对光的思考，不如说是媒介体系内部的一场实验。而这场实验本身，除了发现光可能没有揭露之力这种新奇真相之外，可能只是一场空欢喜。另一方面，计算机所做的发现则通过复制的形式得以揭露：创造多个视点，将其散布于空间之中，然后再将注意力从历时的序列转向平行图像的捕捉。因此，摄影的诸多成了这段故事的开始，但它绝无充分的能力构成结尾。为了更充分地理解计算，我们需要探索其他媒介形式中的诸多：编织品、游戏、机械计算机、元胞自动机，诸此繁类。

第二部分　编织

6

蜘蛛的活计

克吕泰涅斯特拉因音乐而失。据说，当她的丈夫阿伽门农离开自己，前赴特洛伊谋取功名时，他命令一名多利安乐手——除其之外别无他者——留在妻子的房间背后，以防任何人勾引妻子。阿伽门农在外征战时，埃癸斯托斯则追求着这位孤独的王后。起初，多利安乐手的乐声让埃癸斯托斯屡屡碰壁。但当后者发现是乐声中的尚武精神让克吕泰涅斯特拉忠贞不贰时，他便割了那位乐手的喉咙，一举夺走了王后，而王后也不再受多利安人音乐的训责了。[1]

如果克吕泰涅斯特拉因音乐而失，那么阿伽门农则是因蛛网与网络而失。事实上，埃斯库罗斯的悲剧《阿伽门农》中就存在一些最早关于网络的描述，它们也成为西方文学中对媒介体系最早的描述之一。剧中，埃斯库罗斯描述了两种网络。第一种是真实

1　对该故事的叙述可见 Jacques Ozanam and Jean Etienne Montucla, *Recreations in Mathematics and Natural Philosophy*, vol. 2, trans. Charles Hutton (London: Longman, Hurst, Rees, Orme, and Brown, 1814), 360。

的传播网络，这种网络虽然有着详尽的描述，但并不处于舞台中央；第二种则是陷阱的网络，它虽然可见于当下时刻，其自身却是一种符号，代表着更宏大的装置。

真实的传播网络是一整链绵延数百英里[1]的烽火台。它们将特洛伊陷落的消息传回阿尔戈斯城，发出阿伽门农即将返乡的警告。"伊德山率先燃起火光；然后便传递至此／烽火台以火焰为继，接替点亮"（281—283 行），克吕泰涅斯特拉解释着陆地传播链条上的十余个节点。"它们依次被点亮，燃起自己的那堆枯草，／然后将信号传递下去。"（294—295 行）[2]

但当阿伽门农在后文中回到炉边时，第二个网络便得到了启用。后者是克吕泰涅斯特拉——与埃癸斯托斯密谋后——布置的"宽阔巨网"（1382 行），而她凭此来诱捕她的丈夫，继而摧毁他。这张后来被歌队斥为"凶恶的蛛网"的巨网，在一个符号中找到了自己的形式：一张克吕泰涅斯特拉与其织工编制、装饰门槛的紫绸之海，而阿伽门农也将最终在其上践踏自己的判断力。当阿伽门农的步伐变得绵软无力时，埃癸斯托斯在全剧最后的几行词中沾沾自喜道，他"困在了复仇女神织造的网中"（1580 行），而他的命运则终结于克吕泰涅斯特拉沾满鲜血的双手。

自觉等待将近结束，这位忸怩的私通者引诱着她的丈夫，假装关心着他身上那些据流言称因打仗留下的伤疤：

1　1 英里约为 1609.34 米。——译者注

2　括号中的引注为希腊语原本中的行数。本文参考的英译本见 Aeschylus, *The Oresteian Trilogy*, trans. Philip Vellacott（New York：Penguin, 1956）。——译者注

　　啊，如果我的王承受了如流言一样多的伤口，

　　从特洛伊到阿尔戈斯，层叠而加，那么他就是一

张网，

　　全是孔洞！（866—868 行）

　　确实，将英雄与网做比较，将伤口比作网线之间的空洞，也使得网成为阿伽门农身体的化身，并在全剧最终引向了洞穿阿伽门农的三处伤口。而在克吕泰涅斯特拉讲述此事之前，这场谋杀与为其创造可能的杀人之网，则早早出现在了卡珊德拉的预言中：

　　啊，啊！恐怖至极！所见为何？

　　猎捕之网，死神的武器！

　　猎捕之人却也与其夫同床共枕。（1114—1116 行）

　　因此，蛛网与网络在此摇摆于两个相关却不兼容的形式结构之间。一边是凯旋之链，另一边则是毁灭之网。《阿伽门农》中的凯旋之链是线性、高效、功能性的。它运动时具有传染性与叠加性。山顶的一座烽火台点燃时，它并不会压暗或稀释前一节点的亮度，而是与其重合。凯旋之链可以实现传播，并可以远程创造在场。它是有方向性的。它也遵循命令的链条。它构成了现实，而非解构现实。而也许最能让人浮想联翩的是：凯旋之链由纯粹的能量构成。它结合了伊里斯与赫尔墨斯之伟力。

　　在另一方面，毁灭之网与上述特质毫无关涉。它指向的神明并非伊里斯或赫尔墨斯，而是复仇女神。它较少关注连接性

（connectivity），而是携带着无法满足的迫害之欲。在这里，网络并非奎宁水一般的调和之物，并不会把相距遥远的元素捆绑一处，而是作为溶解这些联结的溶剂。它常常像一个虫群（swarm）、一群动物，其本质难窥，在形式上也千变万化。它是一团非线性的网状物，而非线性的链条，它生来便要进行诱捕、划定边界。因此，毁灭之网总是被用来对付最棘手的对手。综上所述，虽然第一种烽火台组成的网络跑在第二种前面，但后者毁灭了前者的存在。只有克吕泰涅斯特拉之网可以困住特洛伊的征服者，将阿特柔斯的宫殿挖腹剖心。

《阿伽门农》是埃斯库罗斯之俄瑞斯忒斯三部曲的第一部，而此剧对复仇女神的描写只是一笔带过。但在第三部《报仇神》中，复仇女神重新出现并丰满了整个叙事，甚至化身为一个现实中的角色：歌队，只不过该角色只能以多重身体的方式呈现。在《神曲》中，维吉尔看见的是复仇三女神，而埃斯库罗斯的戏剧中，这些数量多变的神明则变为十二个〔欧里庇得斯（Euripides）的戏剧则有十五个〕。在悲剧中，歌队通常是社会共同体的能指。这种共同体并非"群众"或"人民"的代名词，而只是指社会"群体"。而这一点则让《报仇神》与众不同，因为《阿伽门农》中严厉、斥责他人的长老与第二部《奠酒人》中喧闹的女性仆从，都在第三部中堕为复仇的化身，而这种化身并非人类，而是神明。这使得共同体并不是一个"群体"，而是同类存在构成的一个虫群。

毁灭之网在前两部剧中以克吕泰涅斯特拉手中各式织物的形象出现——杀人用的网、织物组成的紫色海洋，以及用布料攒成、像束身衣一样缚住阿伽门农的绳索，而最后一物则在《奠酒人》中被俄瑞斯忒斯称为"不是钢铁所制,而是丝线所成的陷阱"
(493行)。但在第三部剧中,毁灭之网则不是象征符号了,它成为
网络化存在(networked presence)于现实中的化身。简言之,复仇
女神便是毁灭之网的化身。赫尔墨斯(作为凯旋之链的化身),虽
然时间很短,也在《报仇神》中出现了。他引导着俄瑞斯忒斯的旅
途,将德尔斐与雅典两相串联。所以,虽然雅典娜与正义的概念
毫无疑问地主导着《报仇神》,复仇女神仍暗示着网络化的存在,
甚至体现着网络化之复仇阴魂不散的威胁。

　　奥维德《变形记》中阿拉克涅的故事也体现了编织品与蛛网
之间的一致性。这个故事中,高傲的织布女工阿拉克涅被雅典
娜变为一只蜘蛛:"她的头发脱落,之后是眼睛与耳朵脱落了,整
个身子陷了进去。在她身子侧面,她纤细的手指连在躯干上成
为腿。剩下的便是腹部;但就从这里,阿拉克涅纺出了一根线;
然后,就像她先前是怎么编网的一样,又开始了自己的编织
艺术。"[1]

　　阿拉克涅在但丁的著作中成为作者自身的寓言性化身,代表
自己从未停止过艺术创作。[2] 曾经用来织就图案纺品的纺线成为
她试图自缢以反抗女神的套索。但这个套索又变成了网,反向指

1　Ovid, *Metamorphoses*, trans. Allen Bandelbaum (New York: Harcourt,
　　1993), 183. 有关阿拉克涅的故事,也可参见 Nancy Miller's "Arachnologies:
　　The Woman, the Text, and the Critic" in *Subject to Change: Reading
　　Feminist Writing* (New York: Columbia University Press, 1988), 77 -
　　101。

2　参见 See Dante, *Inferno*, canto 17 与 *Purgatorio*, canto 12。

涉艺术家"纺纱"(spinning)的行为,不管他是在创作故事,还是在编织挂毯。

如果克吕泰涅斯特拉将她的编织品化作武器,那么潘奈洛佩则也与她的织机和编织行为有着某种策略上的联系。利德尔与斯科特指出,潘奈洛佩(Penelope)的名字正是来源于 pēnē (πήνη),也就是她所织出(wove)的网。[1] 或者说得更准确些,她拆解(unwove)的网:潘奈洛佩正是利用不断编织与拆解,以应付和压制她的男性追求者们的。

潘奈洛佩的织机与现代的提花机(draw loom)不同,前者的机身垂直,经纱从直立的框上垂将下来,并被底部的重物拉紧。古希腊的织工创造开口时将经纱向外拉,然后打纬时便能把下面的纬纱打上来而形成织物,而传统的手工织机则是通过向外拉的方式打纬。潘奈洛佩编织时,织物则会像洗衣服一样从织轴上垂下来。

而织轴本身也提供了一条线索。潘奈洛佩的丈夫奥德修斯也在千里之外同样操控着船上的轴。他的轴是船的桅杆,她的则是织机的织轴。(希腊语中的 histós 可同时代表船的桅杆与绑经纱的织轴。)古典学者玛丽-路易丝·诺施认为,"《奥德赛》"的男女主角奥德修斯与潘奈洛佩,两者在整条叙述线上分别操控着两

---

1 Henry George Liddell and Robert Scott, *Greek-English Lexicon* (Oxford: Clarendon Press, 1929), 559. Πήνη 作为复数意为"网",而单数则意为交叉穿过经纱、形成织物的纬纱。但也有人会质疑这种从词源上猜测姓名的方式:亚里士多德名字中的 *aristos* 真的会让他变成"最杰出的"吗?

种大型工具:船舶与织机"[1]。如果奥德修斯有一部分是被他的桅杆所定义——操控桅杆穿梭四海,被绑缚在桅杆上以应对塞壬,用木杆刺穿独眼巨人之眼——潘奈洛佩也被她自己的桅杆定义了,这位纺纱者深知何时编织,何时拆解。

因此,毁灭之网也成为网之毁灭(ruin of the web),如果有利于己,它便会决定消解联结。因为潘奈洛佩在白天编织的同时,也在晚上进行着分析(analyze),而"analyze"的字面意思也有着"拆解"与"松散"之意。如果编织一直都是一种数码技术——许多人都愿意如此认为,我当然也同意这一点——潘奈洛佩与克吕泰涅斯特拉则暗示着,最为数码的行动并非缝补、编织、合成、建构或竖立,而是拆解、松散、解构,甚至也是摧毁。

"纺织……对于文明而言可能并不是一种贡献,而是其最终衰落的象征。"萨迪·普兰特论及纺织物的策略性用途时如是写道。[2] 而在现代时期,纺织工业在机动织机、纺纱机、针织机的加持之下,成为"网络化复仇"(networked vengeance)的场所。它既是压制、剥削女性(也涉及男性与儿童工人)的存在,也代表着对

1　Marie-Louise Nosch, "The Loom and the Ship in Ancient Greece: Shared Knowledge, Shared Terminology, Cross-crafts, or Cognitive Maritime-textile Archaeology?," in Henriette Harich-Schwarzbauer, ed., *Texts and Textiles in the Ancient World: Materiality—Representation—Episteme—Metapoetics* (Oxford: Oxbow, 2015), 109. 也可参见 Reyes Bertolín, "The Mast and the Loom: Sig of Separation and Authority," *Phoenix* 62, no. 1/2 (Spring/Summer, 2008): 92 - 108。

2　Sadie Plant, "The Future Looms: Weaving Women and Cybernetics," *Body & Society* 1, nos. 3 - 4 (1995): 56.

这种压迫的反抗。也许这也正是纺织工业在马克思《资本论》中如此重要的原因：从"我们的老朋友亚麻编织者"与用他的 20 码亚麻布换一件大衣的基础例证，到马克思在工作日中对纺织工人经历的长期考察，以及后者如何腐蚀了纺纱工、针织工、织布工的生活世界，并将其推向了饥饿与绝望。[1]"世界历史上再也没有比英国手工织布工人的毁灭过程更为可怕的景象了。"[2]马克思如是写道。基于性别的劳动分工则在其中十分重要。马克思引述了社会改革家阿什利勋爵的证词，后者做证称某个工厂主"只雇用女性来操作机动织机"，并且更喜欢结了婚的女性，因为据工厂主所言，结了婚的女人"比未婚的妇女更专心、更听话，她们不得不尽最大努力去取得必要的生活资料"。[3]

诸如机械针织机〔也被称为"机子"（frames）或"织袜机"（stockingframes）〕，或者 1805 年约瑟夫·玛丽·雅卡尔发明的自动提花织机等各类发明，都增加了劳动者的压力，并激起了反抗机器的新方式。"雅卡尔的发明可以有效节约劳动力，"纺织史学家昂内斯·耶耶尔写道，"因此也就不难理解，为什么有那么多可怜的里昂丝绸织工（les canuts）会害怕自己难保生计。雅卡尔

1 Karl Marx, *Capital: A Critique of Political Economy*，vol. 1，trans. Ben Fowkes (New York：Penguin，1976)，199.

2 Ibid.，557.
   译文引自《马克思恩格斯全集》（第四十二卷），北京：人民出版社，2016 年，第 446 页。——译者注

3 转引自 Marx, *Capital*，526 n. 60。
   译文引自《马克思恩格斯全集》（第四十二卷），北京：人民出版社，2016 年，第 415 页。——译者注

回到里昂后,激烈的反抗活动随即爆发,新的织机被当众烧毁,而雅卡尔也被迫离开城市。"[1]

"用不了 12 小时,就会有新的暴力事件出现,"拜伦勋爵于 1812 年游览诺丁汉郡的针织工厂后做证道,"我离开这里的当天,有人告诉我,昨晚有 40 台织机被毁,这已经是常事了。没人反抗,也没人发现。"[2]拜伦自己也不知为何受到了这些破坏者自身动机的诱惑,而在发言中提到了这些因机器而刚刚失业的针织工与纺织工,他们所面临的困难与绝望。但工业化最冒犯拜伦的在于审美感觉方面,而据他所称,这些机器生产的新织物与服饰"在质量上属于劣等"。而这种机械化生产的织物,只能是劣衣饰贫身,它们"在业内人士的口中,只是'蜘蛛的活计'(Spiderwork)"[3]。

1 Agnes Geijer, *A History of Textile Art* (Totowa, NJ: Sotheby Parke Bernet, 1979), 106.

2 拜伦勋爵 1812 年 2 月 27 日于上议院的发言,引自 Humphrey Jennings, *Pandaemonium: The Coming of the Machine as Seen by Contemporary Observers*, 1660–1886 (New York: Free Press, 1985), 131。

3 Ibid., 132.

7

面包屑织机

　　如前文所述，编织是门古老的产业。它也遍及全球：名震历史的中国丝绸业，中亚与南亚的挂毯、地毯产业，还有沿着殖民网络与矿物、织物、人力剥削延展开来的染料与编织品。秘鲁地区的安第斯织工在这一领域也广受尊敬，他们有着无可比拟的高超技巧。包豪斯门下的编织艺术家安妮·阿尔伯斯便是一个例证。在她帮助下，编织得以跻身现代艺术的殿堂，而她则在自己集人生大成的重要著作《论编织》中，将该书献给了"我伟大的老师，古秘鲁的织工们"[1]。

　　至于编织在何时与计算结下联系，答案虽然明显得有些令人吃惊，但长久以来都难以确证。至少在1953年B. V. 鲍登出版了《快过思绪》之后，人们就一直对埃达·奥古斯塔，即洛夫莱斯伯爵（也就是埃达·洛夫莱斯，前文中拜伦勋爵的女儿）及其在计算

1　Anni Albers, *On Weaving* (Princeton, NJ: Princeton University Press, 2017), v.

机制发展中的关键作用感到自豪。[1] 洛夫莱斯理解了雅卡尔打孔卡的威力，而查尔斯·巴比奇则将打孔卡移植到了"引擎"（engine）的三处位置上。洛夫莱斯对巴比奇的机器不吝溢美之词，她还列出了可以在机器上执行的各种运算，其意义相当于编写了某种"软件"。而到了1977年，计算机科学家赫尔曼·戈德斯坦则会不假思索地称，洛夫莱斯就是"世界上第一位程序员"[2]。

但在这里，我要借用一下埃伦·哈尔修斯-克卢克的观点：虽然人们普遍会将计算的历史追至巴比奇与洛夫莱斯，然后再上溯至带打孔卡的雅卡尔织机和自动提花织机，但"雅卡尔作为起源"的叙事有一个问题，那就是编织一直以来都是一门数码艺术。因此，雅卡尔或者洛夫莱斯并非这段故事的起点，而更像是它的高潮部分。[3] 而如果雅卡尔没有让编织变得与计算相关——当然编

1　参见 B. V. Bowden, ed., *Faster Than Thought: A Symposium on Digital Computing Machines* (London: Sir Isaac Pitman & Sons: 1953)。作者将埃达·洛夫莱斯作为书的首页插图，并对其进行了详尽的讨论。而阿兰·图灵则在几年前，于他的重要著作中提到了洛夫莱斯，后者参见 "Computing Machinery and Intelligence," *Mind* 59, no. 236 (October 1950): 433 – 60。

2　Herman H. Goldstine "A Brief History of the Computer," *Proceedings of the American Philosophical Society* 121, no. 5 (October 17, 1977): 341. 多里斯·兰利·穆尔(Doris Langey Moore)也在该年出版了关于洛夫莱斯的首部重要传记，参见 *Ada, Countess of Lovelace: Byron's Legitimate Daughter* (New York: Harper and Row, 1977)。

3　参见 Ellen Harlizius-Klück, "Weaving as Binary Art and the Algebra of Patterns," *Textile* 15, no. 2 (2017): 176 – 97.

织在此之前早就是计算的了——但他确实将编织的数码性压平(compress)了。因为，雅卡尔织机并没有让织工在多个踏板上跳舞，而是让他们变成了"必须重复踩踏同一个踏板的工人"[1]。在此意义上，雅卡尔将诸多还原为一。

这是该叙事的缺陷之一。还有另一个：巴比奇的机器从没有存在过，它只是纸上谈兵罢了。因此，所谓的电脑的发明，其实只是发明了一种雾件(vaporware)，这种装置前途无量，但还未存在于世。实际上，"以雅卡尔的发明为顶点的历史脉络背后，其赖以形成的各类装置或多或少都是失败的"，哈尔修斯-克卢克直截了当地写道，

> 收藏这些装置的地方，都是致力于收藏破烂小发明的，例如沃康松(Vaucanson)的鸭子和机器人。而另外一方面，廉价、自制、有用，也因此更耐用的机器则有着翻译不过来的名字，使用者也是边远地区的无名织工。而他们则用这些东西织着科什(Kölsch)或者沙赫维茨(Schachwitz)等名字奇怪的布匹。这些工具只要有人用，就进不了国家博物馆的收藏，但一旦没人用了，它们

1　Ibid., 179. 关于压平的论述，可参见雅松·拉里维埃即将出版的 *Lossy Elegance: The Politics and Poetics of Compression*。洛夫莱斯也曾研究过一种压平。她对分析机的许多著名评注都与使用周期与重复减少运算数量来减少卡片数量有关。参见 Ada Lovelace, "Notes by the Translator," in Robin Hammerman and Andrew L. Russell, *Ada's Legacy* (New York: ACM Books, 2016), 57 – 105.

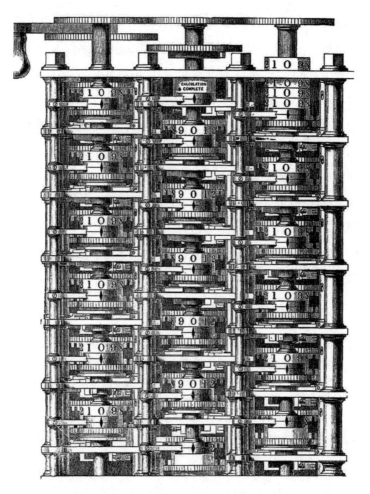

图 8 查尔斯·巴比奇差分机 1 号的木版画

来源：查尔斯·巴比奇，《一位哲学家的随笔》，卷首插图，1864 年

便很难留存下来。[1]

那么，除了巴比奇、雅卡尔，或者沃康松，我们是不是也应该致敬那些在身体中存储能量、在指尖存储图案的无名织工呢？他们**疲于制衣**（worn out）、湮于尘烟，却也**化身为衣**（worn）。我们今日还穿着他们的作品，将织物作为媒介，又将媒介作为记忆。也许这也是阿尔贝斯将编织视作一种真正的写作形式的原因。而她也借用了语言世界中的各种词语来命名自己的编织作品，如《代码》《备忘录》《俳句》《墓志铭》《古体字法》，或《象形文字》。[2]

那现在，我们也歌颂一下造出面包屑织机〔the Crumb Machine（Bröselmaschine）〕的无名工匠吧。海因茨·泽马内克重述这个故事时称，"阿道夫·亚当教授在奥地利北部，德国、波希米亚、奥地利三地交界的一角发现了一台织工的编程装置。该

1　Harlizius-Klück，"Weaving as Binary Art and the Algebra of Patterns，" 192. 沃康松在面对其消化鸭是个噱头或败笔的指责时，他反对道："我并不会把它当成完美的消化系统而蒙混过关。完美的系统是可以在血液中制造动物成长所需的营养物质的。我希望人们不要如此苛责，而在这些方面指责我。我只想试着在如下三方面模拟这个行为：（1）吞食玉米；（2）将其浸软、熬煮、分解；（3）以相对改变的形态排出。"Jacques Vaucanson，"Lettre de M. Vaucanson，à M. l'Abbé D. Fontaine，" *Le mécanisme du flûteur automate* （Paris：Jacques Guerin，1738），19.

2　关于阿尔贝斯对语言与文本性的论述，参见 T'ai Smith，*Bauhaus Weaving Theory：From Feminine Craft to Mode of Design* （Minneapolis：University of Minnesota Press，2014），146－51。香农·马特恩与崔泰润也探讨了阿尔贝斯对计算与编织的理解，其对话参见"Woven Circuits，" in Laura Forlano，Molly Wright Steenson，and Mike Ananny，eds.，*Bauhaus Futures* （Cambridge，MA：MIT Press，2019）：215－23。

装置建于 1740 年,但大概在 1680 年至 1690 年期间就已发明"[1]。
面包屑织机现藏于奥地利哈斯拉赫的纺织博物馆,其虽然与雅卡
尔的装置有相似的技术,但出现时间早了后者很多年。装置上的
传送带装着齿钉或"面包屑",与自动钢琴或八音盒的机制十分类
似。齿钉会与一排木质指针相互摩擦,将指针排列为特定的图
案,并让其挂上部分的综线。织工拉动杠杆,后者便会在经纱中
创造与综线图案相一致的开口。不同指针移动至织机顶部时,织
物上也产生了不同的图案。

　　18 世纪初的面包屑齿钉则在世纪末期变成了孔洞。在这段
时间中,许多其他的工业装置成为雅卡尔织机的重要先例,其中
包括巴西勒·布雄与让·菲利普·法尔孔发明的机器。在
1725 年,

　　　　(布雄)想到,可以去掉各种乱七八糟的线绳和扭
　　结,把它们换成各类针与钩子,并通过一条长纸袋上打
　　的孔让针钩结构压低或释放……这个想法不久之后便
　　被法尔孔改良了,后者在 1734 年将纸张换成了长方形
　　的打孔卡,并将卡片像今天一样串联在了一起。[2]

1　Heinz Zemanek, "Central European Prehistory of Computing," in *A History of Computing in the Twentieth Century*, N. Metropolis et al., eds. (New York: Academic Press, 1980), 589. 也可参见 Adolf Adam, *Von himmlischen Uhrwerk zur statistischen Fabrik* (Vienna: Munk, 1973), 139。

2　Paul Eymard, *Historique du métier Jacquard* (Lyon: Imprimerie de Barret, 1863), 4.

雅卡尔并没有发明一台新织机，而是重新发现了既有的技术，并将它们重组进了一个新系统中。事实上，织机中很大一部分与原来的手工织机本质上别无二致；得到改良的只是抬高与降低经纱的机制。

大型织机的前端会有一个主织工，但也会经常配一个助手，后者就是所谓的"提花童"（draw-boy）。他要待在织机顶端的一个杆子上，像木偶操纵者一样手提着织机的纱线。但这种二人制的流程不久就只需一个人了，因为雅卡尔（以及他之前的一些人）将提花童替换为大脑与手指组成的自动装置。雅卡尔的系统，究其本质，便是在既有的织机上移植了一个辅助性机器。自动提花装置在织机的上方新增了一个控制系统。而采用机械提花装置也意味着可以去除部分现有的功能，例如多个集纱版与脚踩踏板，这些机制对于单踏板在开闭位置之间切换（也就是啮合与分离提花装置）十分有利。

传统的自动织机，例如菲利普·德拉萨尔的丝绸织机，都通过组合多种机械装置的方法达成了相似的效果。但在那些希望工业流程更高效、精巧的人眼中，雅卡尔的新式自动提花织机则更具吸引力，

  因为其踏板与通丝的体积问题，老式织机占据了不少空间。而要想移动织机，则不得不打破器具结构的完整性。雅卡尔织机的设计则高效而优雅，能摆在任何地方工作，产生的不便也最小。老式织机被滑轮、踏板和通丝等装置拖累了，而雅卡尔织机则完全抛弃了这套烦

琐的设置。[1]

正如面包屑织机一般,提花装置的核心便在于有一个被编码的底层结构——不管这是传送带上的木夹,还是打孔的卡——并且编码可以按顺序被"阅读",最终综线会上下移动,在编织时创造特定的开口。在这里,物质与信息发生了接触。当然,这种装置的故障率也很高。保罗·埃马尔在 19 世纪中叶的文字中对这台机器做了回忆,里面特别讲述了让编码后的卡片正确啮合的困难程度:

> 没错,让滑架参与进来是个困难的工程:它要么压得太重,要么太轻;有时候太迟了,有时候又太早了,这样它自己就会弹起来,从而损坏卡片……滑架下面有 4个小轮,让滑架很容易向左或右产生轻微的倾斜,这也让卡片很难保持平稳。还有就是,整个过程会发出巨大的响声。我还记得迪蒂耶先生和我的父亲,当时的两位工厂主,是怎么形容这场面的:每次那个圆柱一转,他们就会像看到爆炸一样闭上眼睛。[2]

但雅卡尔还是获得了拿破仑的个人青睐以及国家工业促进协会的委任。新授予的资金到位后,雅卡尔在 1805 年时已造出

1　François-Marie Fortis, *Éloge historique de Jacquard* (Paris: Imprimerie de Béthune et Plon, 1840), 72.

2　Eymard, *Historique du métier Jacquard*, 13.

了 15 台织机，在 1807 年 5 月，数量增加到了 26 台。

雅卡尔的织机也跨越了英格兰海峡。而巴比奇可能在 1823 年游览英格兰与苏格兰时就见过它们。"巴比奇一直在对工业领域做极尽细致的研究，"传记作家安东尼·海曼写道，"他周游全国，探访工厂，参观自己能发现的每台机器、每道工序。"[1]另一位传记作家贝蒂·图尔称，巴比奇的打孔卡系统是从雅卡尔那里继承而来的。与此同时，埃达·洛夫莱斯与其母亲拜伦夫人也意识到，织机可以用作某种计算机的原型。[2] 1834 年，二者"游览了英格兰北部的工业腹地，参观了许多工厂，并亲眼见到了机械所蕴含的巨大潜力。他们看见了工作中的雅卡尔织机，而拜伦夫人甚至画了一张图，来记录用以控制织机的打孔卡"[3]。

虽然在重思媒介史时，将织机等同于计算机是种很有诱惑力的思考方式，但很明显，巴比奇自己使用的比喻是**引擎**，而不是织

1　Anthony Hyman, *Charles Babbage: Pioneer of the Computer* (Princeton, NJ：Princeton University Press, 1982), 103. 巴比奇对工厂和工业生产的研究也显见于其书 *On the Economy of Machinery and Manufactures* (London：Charles Knight, Pall Mall East, 1832)，该书影响了约翰·斯图尔特·密尔(John Stuart Mill)到卡尔·马克思等政治经济学家。而马克思也确实在《资本论》中多次引用了巴比奇的观点，但马克思或许更喜欢安德鲁·尤尔的 *The Philosophy of Manufactures* (1835)。

2　Betty A. Toole, *Ada, The Enchantress of Numbers* (Mill Valley, CA：Strawberry Press, 1992), 196, 252.

3　James Essinger, *Ada's Algorithm: How Lord Byron's Daughter Ada Lovelace Launched the Digital Age* (Brooklyn, NY：Melville House, 2014), 121. 拜伦夫人画的卡片有其复制版，参见 Christopher Hollings, et al., *Ada Lovelace: The Making of a Computer Scientist* (Oxford：Bodleian Library, 2018), 42。

机或其他装置。因此,雅卡尔将自己的机器与蒸汽机、火车,以及各种 19 世纪早期的机械发动机关联了起来。巴比奇与洛夫莱斯一直在谈论"引擎",而不是"织机"。[1] 同时,巴比奇也从纺织业的组织与结构中借取了许多术语,其中有两个很特别:仓储(store)与厂(mill)。根据巴比奇的机器设计,仓储类似于内存或硬盘,两者存储着各种数字,就像被放在工厂仓库(storehouse)架子上的纺纱一样。厂则是今天所谓的中央处理器,负责进行数字运算,就像磨盘(millstone)可以磨粮食或梭子和筘能纺线一样。[2]

洛夫莱斯也支持将织机与计算机做比较,并在她著名的《注解》中多次提及了雅卡尔,正如下面这段经常被人引述的话中,洛夫莱斯写道:

> 分析机的独具一格的特征……便是其中引入了雅卡尔的设计。它利用打孔卡,对最复杂的凸花图案进行规范……我们可以恰如其分地说,就像雅卡尔织机织出了花朵与叶子一样,分析机也**织出了代数图式**。[3]

---

1 将雅卡尔织机与计算机一一做比——显见于詹姆斯·埃辛格(James Essinger)与萨迪·普兰特(也算上我)——当然是在隐喻意义上进行的。这是因为分析机自身是一个算数用的计算器,而非电脑;并且,巴比奇引擎的工作机制也与雅卡尔的织机大有不同。关于针对织机-电脑对比的批评,参见 Martin Davis and Virginia Davis, "Mistaken Ancestry: The Jacquard and the Computer," *Textile* 3, no. 1 (2005): 76 - 87。

2 更多关于引擎与工厂之间的比喻,参见 Seb Franklin, *Control: Digitality as Cultural Logic* (Cambridge, MA: MIT Press, 2015), 21, 以及 Simon Schaffer, "Babbage's Intelligence: Calculating Engines and the Factory System," *Critical Inquiry* 21, no. 1 (Autumn 1994): 203 - 27。

3 Lovelace, "Note A," in Hammerman and Russell, *Ada's Legacy*, 63.

在对代数图式的编织中——巴比奇则对他名下的一张 20 英寸[1]×14 英寸的丝绸织品钟爱有加（图 9），并会在宾客到访时拿出来展示。这件织物实际上是一张做工精良的、雅卡尔的肖像，它展现了雅卡尔织机对真实细节的还原程度。这张织物相对于编织的传统而言，其精巧更加受惠于绘画或平版印刷术的传统；而如果它是线织品，则会更加受惠于挂毯编织的图像传统。这张肖像是用纱线在机器上织成的，而所需的打孔卡则达 24000 张之多。[2] 这张肖像上，一位衣着华丽的老人坐在一张奢美、皮革精美的椅子上。他身边放着各种器具：凿子、指南针、虎头钳、瓶子，一个抽屉里还有几卷图样。雅卡尔手上的圆规点着下面的一沓卡片；看起来他是在测量或者对比上面的尺寸。同样织在上面的还有各种编织用的设备，包括一套梭子和筘，织着花纹图样的织物，以及一台雅卡尔自动提花机的等比例模型。

巴比奇已经有了一张丝绸肖像画，但他还想再要一张。1840 年启程去意大利北部的都灵时，他半路在里昂停了下来，去当地德雷茨码头 43 号一个名为迪迪埃-珀蒂的公司待了几天，那里正是制作丝绸肖像的地方。"我期待极了，很想看到那台织出雅卡尔肖像这般精巧艺术品的织机，"他在回忆录中写道，"我花了好几个小时一直在看它纺织时如何运作。"[3]

巴比奇 1840 年这趟旅行在后世看来意义重大，因为正是这场旅行所促发的一系列事件，最终在几年后促成了洛夫莱斯《注

1　1 英寸约为 0.0254 米。——译者注

2　Lovelace，"Note F," in Hammerman and Russell，*Ada's Legacy*，92.

3　Charles Babbage，*Passages from the Life of a Philosopher*（New Brunswick，NJ：Rutgers University Press，1994），228‑9.

图9　《纪念 J. M. 雅卡尔》(局部),迪迪埃–佩蒂公司,1839 年

来源:国会图书馆印品与照片部,美国华盛顿特区

解》的问世。在都灵时,巴比奇说服了意大利数学家路易吉·费
德里科·梅纳布雷亚(Luigi Federico Menabrea),让他写了一篇
文字来描述自己尚未建成的分析机。梅纳布雷亚的(法文)文章
发表后,洛夫莱斯则提出将其翻译为英文,而她不仅进行了翻译,
也用详尽的尾注为文章(也因此对巴比奇的引擎)增色。这些注
解包含很多对机器设计与使用的有趣评论,例如引擎是如何反向

重复运算以创造循环的;在著名的《注解 G》一篇中,洛夫莱斯也特别描述了巴比奇引擎中的一系列特别的运算——它们本质上就是一种算法——而这些运算便是用来计算伯努利数的。(伯努利数是一个有理数列,其对于分析与数论十分重要。)

这个由各文本串联而成的链条无比复杂。如果洛夫莱斯编写了世界上的第一个"软件",那么她写的尾注则是基于一篇文章的翻译版,而这篇文章描绘的机器,竟然根本还不存在! 我认为,这个事实反倒让洛夫莱斯所做贡献的重要性不减反增。

萨迪·普兰特与其他学者的评论认为,洛夫莱斯对巴比奇引擎的贡献大部分为围绕原文本的副文本(para-textual),因此总体上体现着女性工作的特征。这里,洛夫莱斯像是一位女秘书,负责为男人做的硬件撰写尾注。[1] 洛夫莱斯看似身处边缘,但若仔细观之,她实则揭露了一系列有趣的洞见。我这里只重点指出其中的一个:**逆归**(backing)。

虽然洛夫莱斯对雅卡尔的系统崇拜备至,但还是认为前者对打孔卡的使用"据发现……并没有足够有效到支持一切……多样与复杂的工序,是为了满足分析机的要求"[2]。面对这一短板,洛夫莱斯的解决方案则是"逆归",也就是说,将雅卡尔系统内部的棱柱反向转动,以重新呈现序列中位于前面的打孔卡。"之后,棱柱会重新**向前**转动,并重新处理之前涉及的一张或多张卡。"[3] 自

1　可特别参见 Sadie Plant, "The Future Looms: Weaving Women and Cyber-netics," *Body & Society* 1, nos. 3 - 4 (1995): 63 - 4。

2　Lovelace, "Note C," in Hammerman and Russell, *Ada's Legacy*, 75.

3　Ibid., 76.

此,卡片的序列可以被重复,并由此创造出了多种反复演算与循环的方式。用当下计算机科学的行话说,洛夫莱斯的"逆归"就是现在的一种控制结构(control structure)。[1]

　　洛夫莱斯甚至认为,在雅卡尔织机上引入这种"逆归"技术,可以为其带来极大的优势:"将**逆归**系统引入雅卡尔织机,那么在织造对称的,或遵循任何规则的图案时,织机用到的打孔卡会相对较少。"[2]而究其根本,洛夫莱斯是在把卡片想象为运算的各个片段,因而可以像模式或文本短语一样从使用情境中被提取出来,继而实现循环和重复。这个循环和重复的过程,其实早已内化为织工们的直觉。

　　在洛夫莱斯广受赞誉的《注解 G》中,最重要的便是一张说明表。她则在表中将逆归(循环)的原则赋以了实际的效用。"现在的计算科学研究者会将这张表称作'执行轨迹'(execution trace)",一位历史学家写道;也就是说,该表记录了机器在进行一系列运算后发生了何种变化。[3]而执行轨迹也正像是织工嘴中踏综顺序(treadling sequence)的示意图。

　　"踏综示意图有点像一张行动的图像,"泰·史密斯(T'ai

1　洛夫莱斯的"逆归"在某种程度上也可作为计算机 goto 语句的起源。通过这一语句,流量控制则可转向特定的运算。这种跳跃虽然极大地提升了算力,但也导致了一些问题。参见埃德加·戴克斯特拉的著名文章"Go To Statement Considered H Communications of the ACM 11, no. 3 (March 1968):147‐8。也可参见 Wendy Hui Kyong Chun, *Programmed Visions: Software and Memory* (Cambridge, MA: MIT Press, 2011), 36。

2　Lovelace, "Note C," in Hammerman and Russell, *Ada's Legacy*, 75.

3　Hollings, *Ada Lovelace*, 79.

Smith)写道，"它告诉我们织物……在织就它的技术过程中**看起来如何**……它像是一则由图像表征的算法代码。"[1]洛夫莱斯画示意图、为引擎"踏综"的行为，在某种意义上与织工在织机上踏综无异。而她的示意图也解释了算法的本质：一部分按被编码的模式(来自织机)，而另一部分是动力学的运动(来自蒸汽引擎)。

---

[1]　Smith, *Bauhaus Weaving Theory*, 149.

8

有规律的无律性

我们来说说另一个埃达,前跃 100 年至 19 世纪 40 年代的密歇根底特律。埃达·K. 迪茨那时是个即将年过六十、未婚未育、临近退休生活的学校老师,她决定改变自己的生活、重新开始。在她的密友露丝·E. 福斯特的建议下,迪茨参加了韦恩大学(现在的韦恩州立大学)开的一门编织课,并在内莉·萨金特·约翰逊的指导下学习编织艺术,而约翰逊不仅自己会编织,也在此领域写作,发表了很多作品。迪茨很快精通了这门技术,并将自己过去的人生一甩而去——她 1908 年毕业后,自 1912 年以来,都在此任教的东部高中,她在密歇根大学的西格玛·西塔姐妹联谊会,以及她的女子联赛和桥牌——从中西部迁往阳光明媚的加州。启程西行后,迪茨便会和福斯特紧密合作,创造出设计编织纹样的独特方法。这种不寻常的方法所依靠的基础,则是将简单的代数表达式转译为二维、经纬纱交错的纹样。[1]

1　有关从计算(与编织)的角度重思手工技艺与设计史能产生何种可能性,参见 Daniela K. Rosner, *Critical Fabulations: Reworking the Methods and Margins of Design* (Cambridge, MA: MIT Press, 2018)。

许多多彩的故事点缀着埃达·迪茨的人生。迪茨出生于
1888 年 10 月 7 日，父亲是雪茄生产商，自己则趁着世纪之交在充
满活力的底特律度过了舒适的童年。她对科学很感兴趣，并在密
歇根大学修习了植物生态学。学习期间，她在道格拉斯湖的沼泽
中考察时，发现了一种"头上长着两个花粉状黄色团块的蚊子"。
这一发现证明了昆虫在兰花授粉过程中发挥的作用，此发现也得
到了《科学》杂志的赞扬。[1] 毕业后，迪茨马上就去学校当了老师。
她于 1912 年春季于中部高中任教，并在教师篮球队打中锋，而秋
季她则回到了母校东部高中任教。东部高中将迪茨聘为自然地
理学助教，她需要在一间曾经的教师休息室里办公。这个房间不
久之前还被改为教室，以应对超额招收的生源。迪茨后来成了生
物科学与数学学科的老师，并最终当上了校辅导员，一直为学校
工作了 30 年。她在毕业典礼上指挥过校交响乐团，当过学校狂
欢节时"舞蹈委员会"的负责人，还在空闲时间参与过各类女子团
体与社交活动。

篮球、交响乐、桥牌、生物——前方还有更多等待迪茨的事
物，新事物的到来源于她与露丝·E. 福斯特的友谊。这两个人都
没结过婚，也都是学校老师，她们的友谊开始于 1941 年，也可能
更早。她们是相辅相成的一对——福斯特教艺术，迪茨教数
学——福斯特住在加利福尼亚，任教于长滩的理工高中。因为对

1　John Smith Dexter, "Mosquitos Pollinating Orchids," Science 37, no. 962
(June 6, 1913): 867. 对此事也有较为幽默的述解，参见 Leonard Keene
Hirshberg, "Those Suffragette Mosquitoes Are the Deadly Malaria
Fiends," *Philadelphia Inquirer* (August 5, 1913), 8。

编织品很感兴趣,福斯特则开始在韦恩大学和密歇根布卢姆菲尔德山的克兰布鲁克艺术学院学习编织,后者距离底特律北部 20 英里。20 世纪 40 年代中期,福斯特说服了迪茨和她一起学习编织,而更重要的是,她还说服迪茨从底特律的学校退休,来到长滩和她一起住在自己"舒适的小平房"里。[1]

"在一间洒满阳光、外面有迷人的露台的度假屋里,一位数学家与一位艺术家欣然将各自的天才合二为一,创造出独特而美丽的织物。"这是一位记者描述福斯特(艺术家)与迪茨(数学家)在加州编织工作室时所用的文字。"在这间令人愉悦的度假屋内,墙面刷着精巧的绿色,而各种大小的织机则占据了房内的空间。抽屉里的纱线几乎都要漫溢出来,呈现出《圣经》中约瑟的彩衣一般繁腴纷呈的颜色。"[2]

迪茨与福斯特决定步调一致,共同进行手工制作。她们创立了一个非正式的品牌"乐趣织艺"(Hobby Looms),并开始一起编织,"迪茨小姐负责在数学上起草纹样,而福斯特小姐则在理解呈现的图样后将其转译至织物上"[3]。她们把编织的多重流程拆分了出来。福斯特"负责计划其中的多种颜色与织物纹理",而使用左脑更多的迪茨则负责起草纹样时更具分析性与技术性的部分。[4]

1　Lilian Haislip, "They Weave by Algebra," *Long Beach Press-Telegram* (November 28, 1948), 64.

2　Ibid.

3　Margaret Warren, "Algebra Creeps into Warp and Weft of Modern Weaving," *Christian Science Monitor* (June 30, 1949), 12.

4　Lou Tate in Ada K. Dietz, *Algebraic Expressions in Handwoven Textiles* (Louisville, KY: Little Loomhouse, 1949), 3.

她们除了有几台可放在桌上、被她们称为"玛丽·简"的小型织机，屋中还有一台反向编织的大型落地织机，一台四轴勒克莱尔·法尼织机，或者相似机型的机器。它被她们爱称为"布伦希尔德"，名字取自挪威神话中的女武神。她们还养了一只叫作腌黄瓜的杂种小猎犬。

1946 年至 1952 年之间，这两位喜欢冒险的织布人踏上了一系列长途公路旅行，并在沿途创造出了一套独特的编织设计，这些作品处于编织与计算之间的交叉地带。两人在加州长滩驱车多日，在即将到达加拿大的班夫时，她们的设计取得了关键突破。迪茨与福斯特"正向北进发，前往加拿大的班夫艺术学院，在埃塞尔·亨德森女士与玛丽·E. 桑丁女士的指导下学习"[1]。而在1946 年夏天，"迪茨小姐在艾伯塔清爽明澈的风中想到了一个点子：将代数作为创造图案的基础"[2]。

大部分的织工会依靠自己心里对基本图案的掌握来编织，例如点状斜纹或者浮纬花纹，或者在织更复杂纹样时直接参考图解中的记录。但与此同时，他们也会想要创造新的图案，重排一下综框（垂直于地面，用于升降经纱的框）上的纱线，或者改变一些综框运动的顺序（这种顺序也称为脚踏顺序）。迪茨则开始关注这种通过控制踏板而成的图案。在编织平纹、斜纹、缎纹三种最基本样式时，前后向穿过织机的经纱被重复上下升降，每次只升降一小部分，横穿而过的纬纱则依靠梭子左右穿行。这三种方式

1　"Two Weavers in a Trailer," *Handweaver & Craftsman* 4，no. 2（Spring 1953）：20.

2　Warren，"Algebra Creeps into Warp and Weft of Modern Weaving," 12.

产出的图案也是所织即所得：作为经纱的线穿过织机的综框，有规律地依次排列。我认为，正是这种规律性引起了迪茨的兴趣——或者有可能，这种规律中还带着一些随意性——因为她针对产生新图案的新方式开始了自己的探寻。她没有在织物上横向重复简单的 1 - 2 - 3 - 4 脚踏顺序，而是开始创造出更复杂的代数短语。她没有在四条线上进行重复，而是在 16、240 条上，并最终在 504 条上。

迪茨在代数中找到了她的图案生成器，而代数恰恰是她在底特律一直教的东西。凭借过去当老师的经验，迪茨明白像（x＋y）^{2} 这样普通的多项式其实是表示数字间规律的一种方式。只要她能把这个多项式展开，并且把规则转译到织机上，她便设计出了属于她自己的图案生成器，也就是一种用于编织的算法草图。除此之外，如果她的技法成功无误，那么它便不会只生成一个或两个新图案，而是近乎无穷无尽的编织图谱。这些图案来自代数表达式中纷繁驳杂的组合可能——从平方到立方、从双变量到三变量，以至更多。

1947 年夏初，迪茨根据一系列不同的公式绘制出了八张纹样（图 10）。她在给自己以前的老师内莉·萨金特·约翰逊的信中描述了这项技术。"首先我尝试取了二项式的三次方，"她向约翰逊解释道，"着手编织的时候，我觉得它的比例很让人满意，我喜欢这种有规律的无律性。"[1]

1　引自 Nellie Sargent Johnson, "Algebraic Formulae for Draft Writing," *Handweaving News* (July 1947), 1。

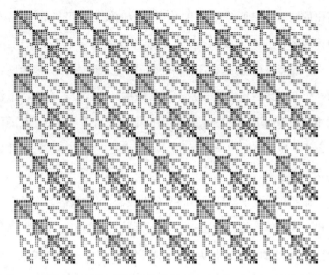

图 10　用埃达·K. 迪茨的方法绘制的(a＋b＋c＋d＋e＋f)²多项式

来源：拉尔夫·E.格里斯沃尔德，《来自多元多项式的设计灵感，第一部分》，2001 年

事实上，这次的多项式更加复杂。它由六个变量组成，而这个(a＋b＋c＋d＋e＋f)²的多项式则最终构成了迪茨心目中的"有规律的无律性"。在 1948 年肯塔基州路易斯维尔小织房（Little Loomhouse）组织的夏季展览会上，迪茨与福斯特参加了其中的三项展出，并凭借她们的编织品拿到了展览的蓝丝带。小织房的主管洛乌·泰特对这种新的编织方式十分着迷，她邀请迪茨再组织一个展览，自己则着手写了一本解释各种图解与编织作品的小册子。小织房最终于 1949 年出版了该书，标题为《手工织物中的代数表达式》。[1]（这本小册子的作者为"埃达·K. 迪茨"，而露

1　"Two Weavers in a Trailer," 22.

丝·福斯特是合作伙伴，文本的很大一部分则由小织房的泰特与他人根据迪茨提供的笔记与简图完成。）

迪茨与福斯特受其兴趣的推动，启程去别的地方分享她们的产品。她们"那年夏天（1948年）驱车去了路易斯维尔的小织房……又从那里出发，向北去了10000英里外的加拿大多伦多。只要听到有人在编织方面做有趣的事情，她们就会启程拜访"[1]。

回到加州的家中后，她们继续编织，并组织了一个"由30张手工织物组成的巡回展览"，其中许多作品都取自迪茨的算法纹样。[2] 1951年末或1952年初，她们又踏上了一次长途旅行。"她们买了一辆旅行拖车，锁上长滩工作室的大门，然后便出发去见识其他地方的手工编织了。"[3]

她们的第一站仍然是小织房，"在那里，她们讨论了在未来举办'手工织物中的代数表达式'展览的事宜"[4]。之后，她们回到了底特律的家，"拜访了阿尔波女士在湖边的家，这幢房子的设计师是弗兰克·劳埃德·赖特"。然后她们便去往纽约州的罗切斯特与萨拉纳克湖。[5] 她们又去了缅因州的班戈，把拖车留在边境，去加拿大魁北克省利斯莱站拜访了那里的勒克莱尔纺织工厂。这

1　Lilian Haislip, "They Weave by Algebra," *Long Beach Press-Telegram* (November 28, 1948), 64.

2　"Weavers Back from Exhibit," *Long Beach Press-Telegram* (November 12, 1950), 47.

3　"Two Weavers in a Trailer," 22.

4　Ibid.

5　Ibid.

座工厂在 1951 年 2 月 9 日的"一场巨大火灾后刚刚重建"[1]。她们继而向东出发，在新不伦瑞克与新斯科舍两省拿到了那里的编织纹样。接着南下美国前往波士顿，又顺着东部滨海区南行，在佛罗里达待了三个月，最后经由休斯敦与圣安东尼奥返回加州。在为期一年的奥德赛式旅行中，她们拜访了友人的宅邸、女性组织，以及编织俱乐部。她们把拖车停在房车露营地，牵着"腌黄瓜"出去转转，然后把织机与编织品摆出来，让后两者帮她们轻松开启话题。

　　长岛的编织工作室很快就容不下两人的工作需求了。她们决定拆掉其中的一面墙，在拓宽空间的同时让房间得到自然光的充分照射。"现在，这间被天窗、侧窗、落地窗照亮的房间结合了工匠的风格与艺术的才气，它成为整间房屋的核心。"[2] 如果数学与编织有一些相似之处的话，那么它肯定也与音乐有相通点。当"迪茨小姐工作时……这里像一个音乐酒吧，她在其中'弹奏'着一段'旋律'，那台布伦希尔德上的颜色与图案组成的乐声"[3]。

1　"Two Weavers in a Trailer," 22.

2　Haislip, "They Weave by Algebra," 64.

3　Ibid.

9
代数编织

　　"这个想法太新奇、太激动人心、太多种多样，也太少人涉猎了，以至于很难将它确定成形。"资深编织者洛乌·塔特论及埃达·迪茨 20 世纪 40 年代末的纹样设计时如是写道。[1] 这种织法也太过耗费精力、晦涩难懂，就算是迪茨最简单的那种数学表达式，展开以后呈现的模式也难以解释。

xxxxx y xx y xx y x yy x yy x yyyyy

　　纹样模式存在着一个问题，它需要有一套自己的逻辑。为什么要在这里用这种模式？有时候答案存在于实践与使用之中，也就是在于不同模式产出的悬垂感或质感上。有时候区别仅仅在于品味上的不同，这也会驱使人偏向其中一种纹样模式。但通

1　Lou Tate in Ada K. Dietz, *Algebraic Expressions in Handwoven Textiles* (Louisville, KY: Little Loomhouse, 1949), 3.

常，对纹样的选择往往很随意，因为织出斜纹织物的方式多种多样，各种纹样也会随着风尚的改变而变化。

迪茨也自认为，她在寻找的是一个"以确定的方式创作纹样图的理由"[1]。她想寻找一种"支撑编织工作最确定的基础"[2]。而迪茨在代数公式生成的几何图案中找到了这种确定基础，例如二项式的立方$(x+y)^3$或三项式的平方$(x+y+z)^2$。在给成百上千的高中生讲过二项式定理之后，迪茨在漫长的教学生涯外把这个定理运用进了她的编织之中。迪茨用二项式定理展开了许多表达式。例如，$(x+y)^2$可展开为与其相等的 $x^2+2xy+y^2$。然后，迪茨跳出数学规律，将这一公式继续展开为两个变量的交替排列，所以 $x^2+2xy+y^2$ 就变成了 xx xy xy yy，或者拼在一起时的 xxxyxyyy.

实际上，迪茨的方法一方面是代数，另一方面则是创意纹样设计。"（迪茨）描述的流程在数学上并不严谨，"计算机科学家、编织爱好者拉尔夫·格里斯沃尔德(Ralph Griswold)指出，"它不模糊，但有点随意。"[3]格里斯沃尔德把这一类字符串的模式，并在计算后得出，一个九六六次方程迪茨多项式，长度可达到 3188646 个字符。如果按迪茨使用织机时惯用的技法，再配上每英寸 30

1 Ada Dietz quoted in Margaret Warren, "Algebra Creeps into Warp and Weft of Modern Weaving," *Christian Science Monitor* (June 30, 1949), 12.

2 Dietz, *Algebraic Expressions in Handwoven Textiles*, 2.

3 Ralph Griswold, "Design Inspirations from Multivariate Polynomials, Part 1," www2.cs.arizona.edu/patterns/weaving/webdocs/gre_pol1.pdf (accessed January 14, 2020), 1.

孔的密度,则可以在图案不重复的情况下足足织出 3 英里长的
成品!

　　迪茨用代数来生成纹样的实验,以及其为家庭编织提供的细
致指导,最终经编纂后成为她 1949 年著名的小册子《手工织物中
的代数表达式》。这本书在很多方面都不同寻常,其中光是它的
封面便大有可谈。小册子的封面是一张她的合作伙伴露丝·福
斯特创作的木版画(图 11)。上面大写的工艺美术运动时期式字
体组成了标题与作者姓名。右下角标示着"乐趣织艺"的品牌名,
也就是这对组合的代称。蝴蝶与树叶装饰着一连串代数表达
式——迪茨选择了从二元到五元的多项式——它们看起来从远
处漂浮而下,滑入了三台简易的手工织机中,正如往计算机中输
入数据一般。在右边,每台织机都吐出了一条织物,上面的几何
图案能让观者联想起贡塔·丝托兹等包豪斯编织者。当然,这里
织物的方向全是错的,但这无关紧要:在使用雅卡尔织机时,图案
一般都是从上面的部分出来,有时候在踏板编织中则会从脚下出
来。在编织时,织物不会出现在织机的右方,而是朝着编织者方
向朝前运动,在膝盖上卷成整匹。但不管如何,这张图画都极具
震撼力,并且出色地总结了她们的工作。表达式往里进,编织品
往外出。

　　同时,福斯特的封面图也与阿兰·图灵 1936 年所定义的计
算机极其相似。(这并不出人意料,因为计算机在某种特定程度
上,已经是对编织织机的再媒介化了。)这两种装置都让卷动的媒
介通过其中央处理机制,而后者则会根据数学规则来操控卷轴。

　　"在此意义上,编织复刻了一种二进制逻辑(经纱与纬纱的交

图 11 《手工织物中的代数表达式》，埃达·K. 迪茨

封面版画，露丝·福斯特绘，肯塔基路易斯维尔：小织房，1949 年

替织合），"泰·史密斯观察道，"编织出的图案与结构实质上是操控代数方程式的结果。"[1]在生成基本的图案（例如二项式的平方 xxxyxyyy）后，迪茨则会回到织机，将其绘制在不同的编织样式上。当下的计算机艺术家都对"数据转换"（data conversion）的概

---

[1] T'ai Smith, "Textile, A Diagonal Abstraction," *Glass Bead*, glass-bead.org/article/textile-diagonal-abstraction, 1.

念并不陌生，在这一过程中，一种（任何类型的）数据源被转译为信息输入，以实现某种形式的可视化。有时，在身体扫描与榨取劳动中，数据源是至关重要的；而其他时候，数据源的重要性则次于其体现的规律与行为。例如，一个随机的输入就有可能在游戏或模拟环境中触发特定的行为。

20 世纪 40 年代末，迪茨又在织机上做了一些相似的事。她把各种代数当作图案输入，将它们分布在经纱之上，并输入织机的综框。（当然，这些图案也可以用不同的方式进行拆解，比如通过交迭经纱的不同颜色来表达。）举个例子，迪茨可以将 x 定义为"一条纱线穿过综框 A，另一条穿过综框 B"，而 y 为"各穿过综框 C 和 D 的两条线"。以此类推，迪茨可以 x 或 y 两种方式为自己的织机上线。这样，她就不会像传统简单的斜纹编织一样重复 4 条或 8 条线的循环，而是可以做得更加复杂：她可以在编织简单二项式平方时，等到第 16 条经纱后再重复循环。而在更复杂的编织中，使用的纱线的数量则会更多。

迪茨在 40 年代末试验了各种不同的方程式。她也尝试了不同的编织方法，并最常使用浮纬花纹、网眼纹、夏冬两面织法。她针对许多的图案都有不同的织法，她也在 1949 年的小册子中记录了一些组合方式。每种织物都以特别的形式起好了名字，如"AKD-3-2-O"或者"AKD-3-3-PW"。字母前缀是迪茨姓名的首字母，后面则是多项式中变量的数量与次方。因此"3-2"是三项式的平方，而"3-3"是三项式的立方。最后的字母代表编织的方式，"O"代表浮纬花纹，"PW"代表平纹，以此类推。

在这些初始的样品中，有一份作品迷住了许多前来观看的人,而它是迪茨最复杂的编织品,以六项式平方为图案的"AKD－6－2－SW"(图 12),其表达式为$(a+b+c+d+e+f)^2$。"那件'使用夏冬两面织法,呈现一个六元多项式'的织物吸引了所有人的注意力。"一位观者写道。[1]

虽然迪茨经常在一台四综框的织机上工作,但为了这个作品,她需要容纳更多变量。为了承载六个变量,她换上了一台更大的 8 综框织机。她还选择了夏冬两面织法。这种织法由 8 条纱线组成的方格为基础(4 条作为图案的纬纱加上 4 条打底的平纹纬纱),并通过让方格朝向织物的前端或后端而形成图案。这种朝向的调整就像在调动"像素块"一样。如果形成图案的纬纱用了对比色的纱线,那么编织者就可以画出简单的图案,甚至进行绘画。迪茨给织机装载了 504 条经纱,并将其全部容纳在一个不重复的图案之中。拉纳·施耐德(Lana Schneider)通过一位共同的朋友学到了迪茨的织法,并织出了自己的纹样。她写道:"迪茨小姐在编织背景时,一般不会选择重复的纬纱与经纱。她的图案用线经常与背景用线的颜色产生反差,并且会使用增加质地的纤细纱线来构成图案。"[2]迪茨 AKD－6－2－SW 的图案颜色为淡黄色,这与经纱和底层平纹纬纱的海军蓝形成了鲜明对比。

---

1 Warren, "Algebra Creeps into Warp and Weft of Modern Weaving," 12.

2 Lana Schneider, "Algebraic Expressions of Handwoven Textiles," fiberart org. 也可参见 Lana Schneider, "Algebraic Expressions: Designs for Weaving,"*Handwoven* (January/February 1998): 48－51。我要特别感谢拉纳·施耐德,她帮助我理解了埃达·迪茨的传记内容以及她的各种编织技法。

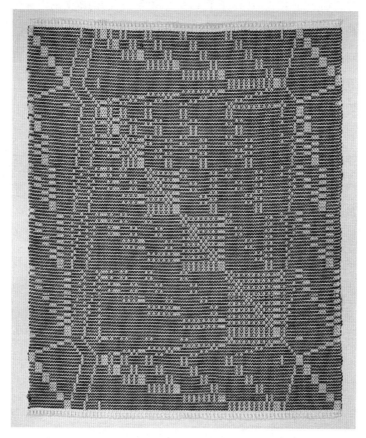

图 12　"AKD‐6‐2‐SW",埃达·K. 迪茨

1947 年(2020 年复制版)

"就像立体主义者的梦境一般!"这是一位看到 AKD‐6‐2‐SW 的人发出的感叹。当然,艺术史学家们可能不会同意这一点。[1]

1　Drusilla Hatch,"Peaceful Patterns,"*Los Angeles Times*(January 11, 1948),D11.

尽管如此，这幅作品的构造仍然令人惊叹。织物的图案围绕着对角线而成，迪茨在编织时遵循了穿综图的图案，这样纬纱就可以对应经纱的位置。在织物的边缘，一张更宽大的图案从四周包裹着整个结构。而图案的中心几乎是分形，其中各个方块的大小沿着对角线依次增加，并顺着它们的路线向四周甩出卷须。总体来看，这块织物既勾人心魄，又让人有点找不到方向。虽然它也是手工织物，但这个作品与许多普通的斜纹甚至更复杂的浮纬花纹、编带设计都不尽相同。这是否为一张画着画的织物？如果是的话，画的又是什么？

答案可能很简单：它就是图案自身，或者对数学空间可视化的管窥。"当图案增加、可能性敞开时，"迪茨于 1949 年写道，"我发现数学奉献了优美的空间区格、比例，以及独特的图案，这些都是艺术家可遇而难求的。"[1]实际上迪茨的作品实现了数学的空间化，并且借此将数学可视化为二维空间中颜色的交错迭换。

1　Dietz, *Algebraic Expressions in Handwoven Textiles*, 2.

10

复织其网

埃达·洛夫莱斯与埃达·K. 迪茨都精通数学,两位女性也通过不同的方式将计算与编织相互关联。洛夫莱斯回到了雅卡尔的打孔卡,而迪茨则是通过代数的穿综图。但女性与计算媒介之间的关系仍是复杂的。她们在数学与计算中发挥的作用经常被低估,而计算机历史中很大的一部分便是在消解或重新叙述女性的贡献。

"数学史中只有两位女性,索菲亚·科瓦列夫斯卡娅与埃米·纳脱:前者并不是数学家,而后者则不是女性。"[1]或者如赫尔曼·魏尔(Hermann Weyl)在描述典型传统观念如何评价数学中

---

1 魏尔的这句隽语引自 Sara N. Hottinger, *Inventing the Mathematician: Gender, Race, and Our Cultural Understanding of Mathematics* (Albany, NY: State University of New York Press, 2016), 15。有许多著作都讨论了数学领域中的女性,其中包括 Talithia Williams, *Power in Numbers: The Rebel Women of Mathematics* (New York: Race Point Publishing, 2018),以及 Lynn M. Osen, *Women in Mathematics* (Cambridge, MA: MIT Press, 1974),后者回应了此领域"歌颂特例"的问题(164)。

的女性时那句臭名昭著的调侃所言：这里**一个女的都没有，就算有，她们也不是女的**（there weren't any, and, anyway, they weren't）。

魏尔的笑话既含糊不清，又并非真相；它还十分残忍。这个笑话完成了笑话应有的功能，它把螺丝又多拧了一圈，逼着那些被它污名化的人花费更多的心血，只为证伪这番言辞：**魏尔难道不是很崇拜纳脱，并且还在她的葬礼上情真意切地赞美过她吗？他难道忘了科瓦列夫斯卡娅在微分方程上的成果吗？**[1] 若要证伪这个笑话，便必须再次跳入它的陷阱，但这并不是说我们不应该这么做。

纵使存在像洛夫莱斯这样的历史奠基人，这些数学领域的偏见（同样显见于哲学或逻辑学之类的相关领域），也在计算机科学的发展早期便成了学科自身的一部分。（除却一小群编织者，迪茨基本上鲜为人知。）这里存在着一种两面逻辑：它既将女性边缘化，又同时将她们纳入其中。计算机史学已经表明，尽管过去的历史一直试图消解女性的作用，她们却一直是计算的一部分。举例来说，全喜卿在其著作中便记录了女性在编程中做的工作，这些工作一般被认为是辅助或文秘性质的，而操控一台机器的概念

1　魏尔对埃米·纳脱的追思词摘自 Hermann Weyl, *Levels of Infinity: Selected Writings on Mathematics and Philosophy* (Mineola, NY: Dover, 2012), 49-66. 科瓦列夫斯卡娅除了自己的各种成就，还远赴法国参加了巴黎工会，并写过一本小说：*Nihilist Girl*, trans. Natasha Kolchevska and Mary Zirin (New York: MLA, 2001)。

则与操控一个"姑娘"的观念相互交织。[1] 马尔·希克斯等历史学者展示了在战后阶段,女性是如何在计算领域被边缘化的,而她们的工作则被重新分配给了男性。[2] 另外,本身便多元而层次繁多的赛博女性主义也一直展现着女性与机器之间的复杂关系,这不只包括织机,还有打字机、电话交换机、自动机、机器人。[3]

"作为数字媒介存在的前提,价格低廉的女性劳动力没有得到人们的重视,而是被理所当然地看待了。"莉萨·中村写道。[4] 她的一篇文章对原住民劳动力的特殊经验进行了评价,而文中的

1　参见 Wendy Hui Kyong Chun, "On Software, or the Persistence of Visual Knowledge," *Grey Room* 18 (Winter 2004): 26 - 51。也可见 Jennifer S. Light, "When Computers Were Women," *Technology and Culture* 40, no. 3 (1999): 455 - 83。

2　Mar Hicks, *Programmed Inequality: How Britain Discarded Women Technologists and Lost Its Edge in Computing* (Cambridge, MA: MIT Press, 2018). 在相近的电子游戏领域,莱恩·努尼也论及了这个问题,可参见"A Pedestal, A Table, A Love Letter: Archaeologies of Gender in Video Game History," *Game Studies* 13, no. 2 (December 2013), gamestudies.org。

3　在诸多处理广义上的赛博女性主义的著作中,可特别参考 Donna Haraway, "A Cyborg Manifesto: Science, Technology, and Socialist-Feminism in the Late Twentieth Century," in *Simians, Cyborgs and Women: The Reinvention of Nature* (New York: Routledge, 1991), 149 - 82; Radhika Gajjala and Yeon Ju Oh, eds., *Cyberfeminism* 2.0 (New York: Peter Lang, 2012);以及 Laboria Cuboniks, *The Xenofeminist Manifesto: A Politics for Alienation* (London and New York: Verso, 2018)。

4　Lisa Nakamura, "Indigenous Circuits: Navajo Women and the Racialization of Early Electronic Manufacture," *American Quarterly* 66, no. 4 (December 2014): 936.

案例来自在新墨西哥州希普罗克的飞兆半导体工厂工作的纳瓦霍女性。但中村的评论也适用于更广泛的领域。不管如何，纳瓦霍女性参与的并非普通的劳动。在招工期间，飞兆的老板们对于编织与织物有着一种激进的执念，他们认为女性原住民在编织工艺领域有着特殊的技巧，并且这可以应用在充满精密线缆与复杂微型结构的电路板工业之中。[1] 1969 年飞兆公司的小册子上"印着一张巨幅相片，上面是一张棕、黑、白三色相间的长方形地毯，毯子上的几何图案是相互连接与交叉的各种直角"[2]。中村认为，该工业借此"将电子产品生产描绘为高科技版本的毛毯编织。而编织它们的则是心甘情愿、技巧娴熟的女性原住民"[3]。

女性与编织品很久以来便互相"摩擦着"（in the fray），朱莉亚·布赖恩-威尔逊妙语道，这些"'摩擦'代表着激烈的争辩、对立、互相否定……并且它一直处于性别化劳动中有关其

---

1 更多关于计算机与种族化的讨论，参见 Ruha Benjamin, *Race after Technology: Abolitionist Tools for the New Jim Code* (Cambridge: Polity, 2019)。有关非裔美国人在计算机与软件产业中扮演的角色，参见 Charlton McIlwain, *Black Software: The Internet & Racial Justice, from the Afro-Net to Black Lives Matter* (Oxford: Oxford University Press, 2019)。有关大型计算机中种族化的根源，参见 Tara McPherson, "U.S. Operating Systems at Mid-Century: The Intertwining of Race and UNIX," in *Race after the Internet*, ed. Lisa Nakamura and Peter A. Chow-White (New York: Routledge, 2012), 21–37。

2 Nakamura, "Indigenous Circuits," 926.

3 Ibid., 931.

物质性讨论的中心"。[1] 它可能是文化或政治的——取社会混乱之意的摩擦——或者也可能与中介和底层结构有关,因为纺线的边缘会受到磨损,织物被拉扯时会散架(甚至不拉它们也会这样)。"我用**磨损**这个词,"布赖恩-威尔逊解释道,"来表示穿着时从织物上跑出来的物质、松解衣线、因拉力和重复使用而散掉的纤维。边缘——或边界——更容易磨损,因为它们受到的摩擦更多。"[2]

这里的各种交叠——一些编织了,一些没有编织,一些计算了,一些没有计算,一个讲了的故事,一个没被讲的——正像它们在计算机与控制论的历史中接连出现一样,也弥散于文字与编织品的历史之中。确实,计算是一种手到擒来的幻想,这种幻想忽略了一方(松解、失灵)而偏袒另一方(纯数、无摩擦的功能)。就算没有飞兆试图压榨土著人民知识的幻想,也会有其他幻想让软件存在于某种非物质之域,不受运行它的机器所控制——这里的机器也可以是人、动物、植物、矿物、元素,诸此繁类。[3]

在某种意义上,克吕泰涅斯特拉的"毁灭之网"会使人联想到一个经典的厌女偏见。在这里,克吕泰涅斯特拉运用了自己女性化的陷阱——纺线与欺骗——以背叛并杀死她的丈夫。但在另一种意义上,毁灭之网恰恰是一种真正的女性主义的技艺。萨

1　Julia Bryan-Wilson, *Fray: Art and Textile Politics* (Chicago: University of Chicago Press, 2017), 4.

2　Ibid.

3　关于媒介中的元素,可特别参见 Nicole Starosielski, "Elements of Media Studies," *Media＋Environment* 1, no. 1 (2019): 1-6,以及 John-Durham Peters, *The Marvelous Clouds: Toward a Philosophy of Elemental Media* (Chicago: University of Chicago Press, 2015).

迪·普兰特便曾写过，"织机是一种致命的创新"。而如果男性对女性化的网与卷须感到恐惧，那便是因为"厌女症与技术恐惧症在同等程度上展现了男人对矩阵的恐惧"[1]。

换言之，与其说"毁灭之网"没有为女性能带来的危险提供负面的道德判断，不如说是对一种不同组织形式正面描述，而这种组织形式则暗示着"毁灭"——一根缺失的线条或者图案中的一个故障，不听使唤的手指或打架的眼皮——它内嵌于现有的组织系统之中。[2] 因此，毁灭之网实际上是网之毁灭。[3] 而在潘奈洛佩的故事中，编织出来的东西会在晚上被拆解，就像它在白天时被编织出来一样。行动的进行与消解之间的交迭相对于道德而言，其实与实用性（或策略）关系更大。或者正如我爱编织的朋友喜欢说的：**少张嘴骂，多动手织**（less damning, more darning）。

—

1998 年夏天，艺术家尼娜·卡恰杜里安创作了一组作品，并

1　Sadie Plant，"The Future Looms：Weaving Women and Cybernetics," *Body & Society* 1，nos. 3 - 4 (1995)：56，62.

2　关于广义上的故障艺术，参见 Carolyn L. Kane, *High-Tech Trash: Glitch, Noise, and Aesthetic Failure* (Oakland：University of California Press, 2019)。有关将质量退化的图像（degradedimage）视为"劣等图像（poorimage）"的论述，参见 Hito Steyerl, *The Wretched of the Screen* (Berlin：Sternberg Press, 2013)。

3　准确来说，正如网之毁灭可能会威胁现存的权力，它也会在掌权者之后建立新的权力。这一观点我在之前的著作《协议》（*Protocol*）中有所探究。

将其命名为《缝补过的蛛网》。为了完成作品，她在自己的家中找了各种破掉的蛛网，而如果网上有洞或者缺块，她便会用红色的细线将其补好。有时，她需要用淀粉给线上浆来增加线的硬度，以保持其形态。如果线粘不到有黏性的网上，卡恰杜里安便会在细线上涂些胶水。如果修补用的线太多，蛛网就会垮掉，所以一切修补都能少尽少。这些拼凑缝补而成的蛛网一部分由蜘蛛自己吐的丝组成，一部分则是更鲜艳的纺线。

但蜘蛛的惯习有着自己的逻辑。"我做的修复一直没被蜘蛛接受，之后被它们丢弃，"卡恰杜里安承认道，"它们一般选在半夜来干这事，那些看起来已被它们遗弃的蛛网也不会被放过。"[1] 因此，卡恰杜里安的"修补"，像掉落而下、破坏蛛网的树枝和树叶一样，自身构成了一种闯入蜘蛛世界的外来事件。而那些被拒斥的修补物则被蜘蛛自己重新织出的线取代了，先前的重构被拆除了，之后便是第二次重构的开始。

1　Nina Katchadourian，"The Mended Spiderweb" series，ninakatchadourian.com.

第三部分　数码

11
由 1 至 2

1948 年，一块计算机内存的容量为 1 比特，而 1 比特则是一个像素，继而代表一个点、一次键盘上的敲击。就像织工编织时的传统技艺一般，记忆（内存）又一次成为图像，图像则异曲同工地被部署为记忆装置。这是一次边界的跨越，它越过了模拟与数码间的界限。

同年 7 月，约翰·冯·诺依曼与他的团队正在新泽西普林斯顿大学的高等研究院研发一台复杂的装置。它的名字很简单：电子计算机计划（Electronic Computer Project）。虽然这并不是冯·诺依曼的第一代产品，但他的机器在 20 世纪中叶的计算机发展史中十分重要，这是因为后者不仅解决了一些计算机设计的问题，也因为其在设计成功后衍生出大量复制品。

高研院的工程师为机器打造了一块原始的硬盘，其结构为绕着导线的两个大自行车轮（图 13），并配有发动机来传动带子以转动车轮。轮子转动时，信号便可以上载至导线，或被下载下来。这块硬盘与其他装置一起组成了一整套系统，里面还包括一块键

图 13　高等研究院使用的高速机械导线硬盘

来源：比奇洛等，《关于电子计算机具体实现的中期进展报告》，1947 年 1 月 1 日，36A，电子计算机计划档案，系列Ⅰ-第 5 箱。图片来自美国新泽西州普林斯顿高等研究院谢尔比·怀特与利昂·莱维档案中心

盘、一个存储单元，甚至还有台打印机。冯·诺依曼的团队用示
意图表示了机器往复输送信息的具体部件。键盘是其中的主装
置，它能够将信息发送到几乎所有节点。而打印机只是一个接收
装置。由打孔带组成的存储单元可以将信息输送至车轮导线组
成的大号存储单元。"移位寄存器"(shifting register)可以接收、
处理数据，并重新将其发送出去。

这块车轮-金属线硬盘从本质上说是一种模拟装置(analog
device)。车轮显示出了优美的弯曲度，这经常是模拟性(analo
gicity)的代表特征。但该装置的模拟性并非来源于其形状，而是
源于其存储着连续变化的磁信号。导线上的信号是连续的，信号
的强度随时间连续上升或下降(图 14)。连续的信号十分适合存
储波状物，声波便是一个范例。但连续的信号不擅长存储符号信
息，例如字母、数字、单词、句子。冯·诺依曼的机器是一台数码
机器；它操控着离散的符号，而非连续的信号。而这块硬盘的奇
妙之处，便是能将连续变动的波形转换为离散的正负状态(on-
and-off positions)。

这种跨越是如何完成的？怎样从遍布噪音、连续不断、毫无
规律的模拟信号一跃至干净、离散、符号化的信号？如果直接从
导线上提取信号，后者则会呈现为混乱的曲线状。有时它的曲线
会像抛物线一样向下或向上运动；有时它会从下往上扬，中间停
一下子，又继续上行(形似一个被拉长的字母 S)。冯·诺依曼利
用了这些基本的形状差异，并与团队创造了整个字母表的表达
方式。

第一步要过滤信号，减去极值，将注意力集中在中段。有时

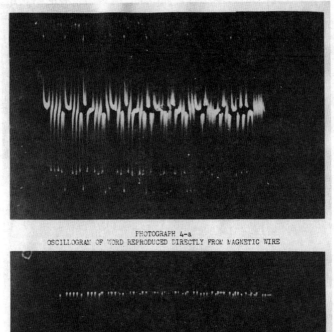

图14 通过磁线再现而成的单词波形图,上下分别为限定振幅前后

来源:比奇洛等,《关于电子计算机具体实现的第三次中期进展报告》,1948年1月1日,37,电子计算机计划档案,系列Ⅰ-第7箱。图片来自美国新泽西州普林斯顿高等研究院谢尔比·怀特与利昂·莱维档案中心

候信号从上往下弯,而有时是从下往上。虽然过滤之后这些信号还是混乱而无律,但它们的连贯性在逐渐增强。信号跟着自己的节奏忽隐忽现,像蜡烛的火苗一般闪动着。

也就是说,车轮自身囊括了大量信息,而且是数码信息。而关键则在于将这些信息解码。向下(或向上)的震动代表着一种特定的标志,而标志的序列——向下或者向上——则足以为字母或数字编码。波形闪动五下(下-下-下-下-上),便代表了一个标志,数字1。而数字4的二进制序列则是下-下-上-下-下。虽然模拟的信号在其伊始是混乱、连续、模糊的,但只要经过裁剪和有理化,它便可以发挥离散数字的功用。

那何为数码?在磁线上,数码只显现为上或下的差异,别无其他。这些上下的闪动代表着0或1之类的数字。但这些数字本身并不重要,重要的在于0和1是两个数字,它们之间是存在着差异的:上或下。数码信息因此建基于最幽微可见的差异之上,古斯塔夫·费希纳(Gustav Fechner)则将其称为"将察觉的差异",而放在格雷戈里·贝特森(Gregory Bateson)口中,它则是"创造巨大差异的差异"(a difference that makes a difference)。不管差异是哪一种,数码都要求其内部存在某种形式的普遍差异。

在更普遍的意义上,数码代表着**一被分成了二**,也就是某种连续之物被分化成了不同的存在。因此,数码体现了双的特性(twoness),也就是"对双的创造",但它又超越了双,而走向了三、四以及诸多。数码代表着区分或离散化。在任何地方,只要分隔与区分构成了媒介的核心基质,数码便会出现。"双是存在最小的单位,"卡娅·西尔弗曼写道,"也只有通过这种相互联结,我们才得以存在。"[1]在这里的磁线上，双的特性则通过磁力不同的强度体现出来。

因此，自然数（1、2、3等数字）很明显分属于"数码"，因为它们是彼此分散而相互区分的；但呈弧形飞行的一队鸟儿则不是，因为后者是顺滑且连续的。幻灯片无疑是"数码"的，因为它每框之间都有明显的断裂；但照片框则不是，因为它们记录的是连续改变的色彩极值。或者说，对于自行车轮上被编码的数字而言，即使其数码是由背后的模拟信号伪装出来的，它们也一样属于数码。

科学家们意识到，只要可以记录差异，任何媒介都有可能成为数码媒介。那个时期于英国曼彻斯特大学工作的汤姆·基尔伯恩与弗雷迪·威廉姆斯找到了一种方法，他们让示波器不仅发挥视觉装置的作用，并且还能用于存储。示波器上示波管的玻璃表面上涂有一种化学品，后者会让管上保留一个重影，并持续零点几秒钟。如果在该时间间隔内重新发送信号的话，影像就会一直保留。而使用32×32，总数为1024的光栅网格后，这个一开始用以的显示装置就变成了存储装置，曾经肉眼之下的图像也成为记忆中的图像。他们将这个装置称作威廉姆斯管（Williams Tube）。[2]

1　Kaja Silverman, *The Miracle of Analogy: or, The History of Photography*, *Part* 1 (Stanford, CA: Stanford University Press, 2015), 11. 西尔弗曼讨论的话题是模拟的，但这种模拟也要求其与数码实现基本的交互，也就是与双性的交互。

2　如此使用阴极射线管在当时无疑是该装置的主要用途。特别参见苏珊·穆雷（Susan Murray）对电视的讨论 *Bright Signals: A History of Color Television* (Durham, NC: Duke University Press, 2018)。

在 1948 年,1 比特便是 1 像素,1 像素便是 1 个点,而 1 个点则是一小块记忆。曾经混乱、连续的信号则成了阴极射线管上运作的点串,而这些点则代表着简单的数字。连贯性对于这台装置来说不可或缺,而在整体上,它对数码也十分重要。但模拟机器的复仇终会来临,因为这些小点也不会一直按照预期运作。威廉姆斯管经常失灵,上面的网格会因为小点亮不起来而无法构成图案。工程师在检测每块屏幕时则会用一种称作"激烈闪光"(intensive sparking)的方法,并以此检验每个数码点的承压能力。在对点进行度量的同时,工程师还会在 0 与 1 之间选择缺陷的程度值。

有了这些射线管,冯·诺依曼在普林斯顿的团队利用二次方程在屏幕上绘制出了字母。方程 y＝x 的图像是一条对角线;y＝2x 也是斜向对角的,但更陡一些。而更复杂的方程则能创造优美的曲线,其形成的拱形线和其他形状也开始与字母 A 形似。把不同方程拼将起来,这些代表计算机记忆的点,也就是示波器上的像素,便可以写出一幅字母表,并最终构成单词。

冯·诺依曼在高等研究院的这支团队意识到了这一发现的重大意义,而他们则做了任何正经科学家都会做的事。他们做了一幅涂鸦。大家用这种新字体把高等研究院的名字拼了出来(I‐A‐S),然后又打上了电子计算机计划的名称(E‐C‐P)。现代意义上的像素,自其伊始,是一串基本上胡诌出来的字母——E‐C‐P‐I‐A‐S。根据他们 1948 年夏天的记录,整件事都是"一时兴起"的,他们想要展现"这台机器绘制字母,而非绘制图像的能力"[1]。据一些考据称，这是历史上第一台电子数码位图显示器。

这些用单词组成的名字缩写成了首字母的排列，这与利用固定网格上的样点亮暗来表示字母异曲同工。同时，像素并不是通过光栅显示系统创造出来的，恰恰相反，它来源于绘制模拟图像的示波器在坐标系中对连续变量 x 和 y 的绘制。现代意义上的像素，在它的最开始，却出现于示波器上，而后者其实是用以显示连续线条与曲线的，这一点是何其奇妙啊。这台模拟的硬件设备创造了一种新数码美学，因为在 1948 年，像素仍然是利用信息而造出的人造物，而非真实存在的硬件。它并不是光栅网格的遗存，而是离散化的电压信号的嫡传。换句话说，第一个现代意义上的像素是模拟出来的。除此之外，难道还能有什么其他的可能吗？

这是不是意味着，未来是数码的，而模拟只能湮没于过去？当然不是，因为这些技术在历史中会反复重现。数码自身并非什么全然现代的特质。实际上，牛顿与莱布尼茨连续性的微积分，以及后来巴洛克风格的曲线革命就让数码英年早逝了一次，而两者其实都完全是现代的发明。自此，从 19 世纪热力学搅动的旋涡到近几十年的混沌理论，数码又遭逢了千捶万击。

20 世纪中叶从模拟计算到数码计算的转变只是几千年人类

---

1 Julian H. Bigelow et al. "Fourth Interim Progress Report on the Physical Realization of an Electronic Computing Instrument," 1 July 1948. Records of the ECP, Courtesy of the Archives of the Institute for Advanced Study, Princeton, New Jersey.

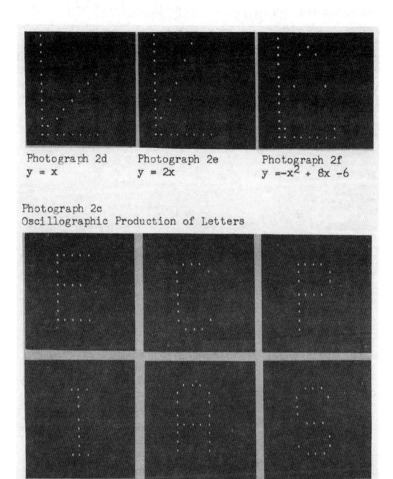

图 15　利用示波器显示的字母

来源：比奇洛等，《关于电子计算机具体实现的第四次中期进展报告》，1948年1月1日，II-8g，电子计算机计划档案，系列I-第7箱。图片来自美国新泽西州普林斯顿高等研究院谢尔比·怀特与利昂·莱维档案中心

文化内部争斗中的一种纷争，而这场旷日大战的双方则是一元与二元、比例与差异、曲线与跳跃、融合与分割——简言之，大战的焦点在于一分为二的时间与方式。如果媒介可以用来展现离散之差异的"双性"，那么我们便可以在数码计算中使用它。

12
控制论假说

"如果我要在科学史中为控制论选一位守护神,我应该会选莱布尼茨。"[1]麻省理工的数学家、防务研究者诺伯特·维纳曾如此写道。也确实如此,在现代初期,莱布尼茨就为系统与行动者给出了独特的组织方式,而他的想法也影响了后面的控制论与网络科学。在其《单子论》中,莱布尼茨描述了一种畅顺、普遍的"单子"网络,其中每个"单子"都独立存在,但其中也都囊括这一个总体的镜像。几年之后,在其《伦理学》中,斯宾诺莎也构建了一个行动者组成的系统,这一系统由普遍性的材料构成,在它无尽的特性中,思想与延伸不断出现,构成了人的身体。对斯宾诺莎而言,身体的情动为这些材料叠上了一种关系与反关系的分布式网络,而这一理论也得到了后世法国哲学家吉尔·德勒兹的

---

1 Norbert Wiener, *Cybernetics, or Control and Communication in the Animal and the Machine* (Cambridge, MA: MIT Press, 1965), 12. 若要快速理解其中的部分对话,可参见"The Cybernetic Humanities," *Los Angeles Review of Books* (January 2, 2017), lareviewofbooks.org。

延展。

　　20 世纪时,路德维希·冯·贝塔郎非的一般系统理论与维纳的控制论很好地描述了开放与封闭系统之间的差异,子系统如何被囊括至主系统之内,以及系统之间如何实现交流与控制。在差不多相同的时段,克劳德·香农与沃伦·韦弗提出了信息论,该理论不仅仅用语义学定义了传播,且将定义和符号模式的相对完整性与构成该模式的语言中不可预测的程度关联了起来。在数学领域,图论(graph theory)也影响巨大,而其提供的各种术语则将网络(在其理论中被重命名为"图")理解为节点与链接的集群。

　　控制论系统就本质而言,是一套允许信息在不同系统中穿梭,并由此改变其运行状态的传播网络。维纳 1948 年的重要著作《控制论:或关于在动物与机器中控制和通信的科学》横跨电气工程、神经生理学等多种学科,并认为人、动物、机械系统共同拥有在管理运行中的系统时处理输入与输出数据的能力。

　　这种控制论系统的核心特质之一,便是反馈机制,后者表明,任何关系网络都存在着一定的自反性(self-reflexivity)。[1] 在维纳笔下,信息是以统计的方式从周边世界的"噪声"中遴选而出的。它也因此暗示着,信息背后存在着一种装置来实现选择

1　维纳对反馈机制的描述如下:"很久以来,我就明白现代超快速的计算机本质上是一个理想的神经中枢系统,可作为自动控制装置的一部分……有了应变片与其他相似的中介之后,这些运动器官的表现就可被阅读或报告出来,可以作为人工动觉信号被"反馈"至中央控制系统。我们也因此已经几乎可以建造任何性能精巧的机器了。"

这一行为。[1] 维纳将这种能力称为"通过信息反馈实现的控制"。如埃斯库罗斯的凯旋之链一般,维纳的网络也十分高效,具有特定方向。他们本质上是机械的,并通过运转来将复杂装置与技术的集合体纳入功能性的系统整体。事实上,维纳的"控制论"(cybernetic)一词来源于希腊语中的"Kubernetes"($\kappa\upsilon\beta\epsilon\rho\nu\acute{\eta}\tau\eta\varsigma$),后者意译为"舵手";该词也与克拉克·麦克斯韦 19 世纪对"调速器"(governors)的论述有关。而维纳表示,调速器一义源自被拉丁化腐害的希腊语。

在维纳通过控制论进行防空弹道学的军事研究时,他的同事克劳德·香农正在贝尔实验室做远程通信研究。香农与韦弗的许多研究成果后来都成为现代远程通信网络的基石,并且可以说,它们为 20 世纪 60 年代后期阿帕网(ARPAnet)的想法奠定了思想基础。香农的工作虽然不像韦弗一样横跨学科边界,但前者与控制论都心有灵犀地将"信息"定义为传播技术的关键组成部分(当然,韦弗也直接引用了香农的著作)。香浓与韦弗的信息论强调以量化的方式审视信息,即使牺牲掉质量与内容也应如此。"一定不要将信息混淆为意义,"韦弗警告称,"事实上,一条满载信息的消息与另一条一派胡言的消息,以现在的观点来看,它们在信息上可能是完全对等的。"[2]

1　维纳进一步解释道,"正如一个系统中信息的量衡量着信息的组织程度,系统的熵则代表着其组织的失序程度;其中的一者只是另一者的相反数"(同上,11)。

2　Claude Shannon and Warren Weaver, *The Mathematical Theory of Communication* (Urbana and Chicago：University of Illinois Press, 1963), 8.

　　这种对于技术的固执看法仍可见于今天互联网上的分组操作（packet-switching），后者可将数据分散为各部分，并分别传输至终端地址。虽然在互联网上可以通过分析数据组而将其解码为内容，但在技术功能上，被优先重视的则是将 x 数量的数据从 a 传送至 b 上这一行为，而传输行为则不会考虑内容有何意义。

　　如果维纳的控制论与香农的信息论代表了对信息网络的量化、统计学观点，那么与其同时代的第三种理论，则提供了一个略有不同的路径。或许是因为其生物学的背景，路德维希·冯·贝塔郎非的"一般系统理论"与维纳和香农的观点大相径庭。维纳将人、动物、机械系统一并置于电气工程的视角之下，而香农则将人类使用者与他们使用的传播技术区别开来。与两者相反，冯·贝塔郎非强调了人或技术系统的生物学向度。因此，他详述了开放与封闭系统在理论上的区别，并证明了子系统怎样才能一直被囊括于更大的系统内部（这一模型则被完全采用于互联网协议的分层结构中）。贝塔郎非称：

　　　　有机体并不是一个对外界封闭的静态系统，也并不总会包涵相同的组成部分；它是一个处于准稳态的开放系统，通过物质与能量组成部分的持续变动而保持质量关系的恒定。在这一过程中，物质持续从外部环境进入有机体，并同时离开有机体，进入外部环境。[1]

1　Ludwig von Bertalanffy, *General Systems Theory: Foundations, Development, Application* (New York: George Braziller, 1976), 121.

这一看法产生了不少影响。首先便是，贝塔郎非确实为"信息"下了定义，而相对于其他因素，信息在整体系统秩序的管控方面发挥的作用小了很多。虽然信息对于任何运转中的网络都举足轻重，但假如没有定义信息、将信息作为系统管理资源的总体逻辑，那么拥有信息也无济于事。换言之，处理信息的逻辑与信息的概念本身同等重要。

另一层影响则是，冯·贝塔郎非系统理论中的有机论视角从工程或通信的角度跳脱出来，并提供了一种以生物学视角理解"信息"的方式。这并非意在表明系统理论相对于维纳或香农的理论更精确或更成功，但这三者的理论谱系确实表明了，"信息"或信息的世界观展现了与物质世界的一种充满矛盾的关系。一方面，信息在人们的眼中是抽象、量化的，可被化约为进行管理与控制的算法——这也是前文中将"信息"作为无形、非物质概念的想法。而另一方面，控制论、信息论、系统理论展现了信息内生的物质性，以及它如何被装配为军事技术、通信媒介，甚至生物系统的一部分。

法国堤昆团体的出版物中有一页，将这种历史现象称作**控制论假说**[1]。这一假说认为，存在一个特别的认识论系统，使得其中的系统或网络能够让人类与非人类行为体实现相互的交流与操控。许多相关领域与控制论并肩而行：生态学、系统理论、图论等网络科学；博弈论与理性选择理论等经济决策科学；信息科学与信号处理；行为主义、认知主义以及对主体的后弗洛伊德式研究。

---

[1]　Tiqqun, "L'Hypothèse cybernétique," *Tiqqun* 2（2001）：40–83.

控制论假说则与上述领域一道，共同主导了社会与文化的生产和管控。[1] 而堤昆团体也确实将控制论假说视作了最为盛行、同时包含人与非人元素的社会管理新模式。"到了 20 世纪末期，驾驶的画面，也就是管理，已经不仅是描述政治时最普遍使用的隐喻，这种隐喻也覆盖了所有的人类活动。"[2]

堤昆将其定义为一种假说，实则意在利用该词义强调：控制论、计算以及媒介社会只是暂时的存在。他们想要表明，控制论是一种技术创见，所以它与任何实验性的假说一样，既可能被接受，也可能被断然拒绝。正如堤昆团体所言，我也希望将这一计算的宇宙放置于历史语境之中，将其描述为知识与文化根基的一系列特定转变，而非一种共同的命运。

控制论假说有着广义与狭义之分。如前文所见，狭义的控制论源于维纳的著作及其在"二战"之后几年开展的重要研究。[3] 但广义上说，控制论代表着任何能将人与非人行为体连接起来、形成控制与传播网络的管控系统。而人们通常也因此认为，控制论开启了主体与世界的一种特殊的历史性关系。具体而言，控制论将世界转变为一个**系统**，而主体则被转变为其中的一个**行动者**。

1　许多著作都为描述这段历史做出了贡献，包括 Fred Turner, *From Counterculture to Cyberculture: Stewart Brand, the Whole Earth Network, and the Rise of Digital Utopianism* (Chicago: University of Chicago Press, 2008)，以及 Bernard Dionysius Geoghegan, "From Information Theory to French Theory: Jakobson, Lévi-Strauss, and the Cybernetic Apparatus," *Critical Inquiry* 38 (2011): 96 – 126。

2　Tiqqun, "L'Hypothèse cybernétique," 44.

3　诺伯特·维纳的标志性著作《控制论》于 1948 年首次出版。

　　系统是由各种物积聚而成的复杂整体。控制论则将世界视作一个系统或多个系统的集合。各系统之间的排布与连接可能相互平行，也可能是系统、子系统、超系统之间相互层叠的垂直关系。我则在此选择了网络的模型，也就是说，系统是各种节点和连接组成的结构，其中一个点可以与另一个点进行互动和交流。确实，控制论系统的一个重要特征便是其存在着一种内部信息循环(internal message loop)，系统内部生成的信息也会影响系统的运转。系统也会因此处于动态的变化之中，并利用反馈来抵消不平衡，实现稳态。

　　因为在整体上十分复杂，控制论系统也要求对自身进行高度控制。因此，这种系统需要有一个附属机制来进行总体组织与管理。结合这些特性，控制论系统其实也有着算法的特质，也就是说，它们是可运作、可执行的，而非静态、描述性的。这是因为这种系统会先行规定一组可能的行为，然后根据系统内部产生的动态变量而逐步执行。

　　行动者则是可以执行行动的实体。控制论认为，不管是动物还是机器、人类还是非人类，都可以成为行动者。因此，飞行员可以是行动者，而驾驶舱内的表盘和控制装置也可以是行动者，因为后者可以执行操作，收集与分发海拔和速度之类的关键信息。而飞行员与飞行器则一起构成了一整个控制论系统。

　　这种系统内的行动者应该是独立自主的，并且相对于系统的整体而言有着"平等的地位"。这里的意思便是，虽然行动者彼此之间的大小或力量可能大相径庭，但每个行动者都被赋予了自身的权力，可以根据自身范围内的变量与功能进行自主决策。因此，虽然飞行员与仪器在力量和种类上并不平等，他们却以平等的身份结合起来，每方都协调着自身的输入与输出，并各自影响着整体系统的结果。

所以在系统层面，行动者或多或少都是独立自主、相互平等的。事实上，行动者只是一个超系统中的子系统。而因为多个行动者的存在，系统也会展现自我组织的特性，换言之，系统的行为不会被外在的原则定义或支配。由此，系统会自我进行决定，其正常运行则高度依赖自我反馈与自我参照。

这种行动者构成的基础设施也产生了一些重要影响。其中一层影响与行动者自身相关，而另一层则与行动者之间流动的信息相关。

首先，虽然控制论系统自身并不要求对信息进行数码编码（比如说，在恒温器中使用模拟信号便能满足需要），但控制论系统在基础设施层面仍然是数码的，因为它必然是一种原子论意义上的结构（atomistic architecture）。就像流程图上的线段与方格一般，结构内离散的实体被传播的链接分隔开来。人们有时将其称作物向基础结构（object-oriented infrastructure），因为它展现了一个由（任何种类的）物组成的、执行特定功能的系统，而这些物可以通过界面相互连接、相互交流。

其次，我们不仅要考虑发送信息的行动者，也有必要思考一下流动于控制论系统内部的信息本身。控制论系统关涉着信息的发送、接收与处理，而这种信息从定义而言是高度编码的。因此，这些信息的传播是可预测，并在之后与行动者实现接合。同时，这些信息也经常不在人类观察者的掌控范围内，因为不管有没有人为干预，它们都可以通过工具被收集、处理、再发送。因此，与系统中的行动者类似，控制论环境中的信息也拥有了相对的独立性，因为它们在没有人为干预的情况下同样可以直接影响特定结果。

控制论假说有着许多影响，但我在这里则重点关注其中的一个：**固定、离散框架**的创造。这种框架可能有不同的表现形式。在朗德那里，它可能是镜头组成的网格；它可能长得像迪茨的编织图案，由离散的经纱和纬纱交替而成；或者它会像我们之后在巴里切利和德波那里看见的一样，是生物体与士兵组成的复杂阵列。在控制论假说中，所有的实体都被降为细胞，它们如黑箱一般运作着，同等地成为平行、互动的行动者。

13

晶格结构

1922 年,英国数学家路易斯·理查德森通过一种"数值方法"(numerical process)创制了一个横跨各大洲的巨型象棋游戏:一个由气象观测点组成分布式网络、通过测量气压与动量来预测天气的系统(图 16)。理查德森形容该系统时借用晶体学中的"晶格"(lattice)一词,而冯·诺依曼则会在了解其成果的基础上,将该系统发展为一个供计算使用的完整空间模型。

让我们拿一张画着大号方格线的纸,然后以它代表一张地图。上面的格线代表平行的经线与纬线——这在地图上不太常见。下一步,我们规定所有方格内的数字都代表其中点的经度和纬度。中心的经度写在图的上方,纬度写在左手边……可以看见,压力与动量的转变遵循一定的模式,而按照这种模式,如果我们用一个棋盘加以理解,压力都会显示在红色方格内,而动量则出现在白色方格,红白两者也可进行互换。[1]

理查德森的计算框架像一张棋盘一样沿着地平线延展开来,但它也朝着垂直方向延伸,并延展至上方四个不同的大气分层上。[2]

在其著作中,理查德森使用了复杂与非线性系统的语言,特别是热力学的知识。他论及了涡旋运动、层流应力、空气黏度、湍流、热流以及热导率。书中有一整节都在论述"异质性",而该词最终则成为批判与文化理论中的流行用语。事实上,理查德森也采用了后来德勒兹与加塔利著作中的术语,并站在"分子"和"摩尔"层面进行叙述。他讨论了不同大气分层之间的复杂互动,以及作为结果而产生的湍流。然后他又向读者挤了挤眼睛,写了一段帮助记忆的顺口溜:"大旋给小旋带动速度,小旋帮更小的增加黏度。"[3]

而理查德森系统的最迷人之处不在于给地图叠上了一层网

[1] Lewis Richardson, *Weather Prediction by Numerical Process* (Cambridge: Cambridge University Press, 1922), 5. 令人感到诡异的是,象棋与广义上的游戏经常在计算媒介的历史中出现。游戏的逻辑似乎深入了计算媒介十分底层的叙事;而象棋的形象也出现在了冯·诺依曼、克劳德·香农、吉尔·德勒兹与菲利克斯·加塔利、让·鲍德里亚、居伊·德波等人的著作中。

[2] "理想的情况是,在平流层与对流层之间自然边界上或附近划定一个传统的分界面……其次,为了表示气流在气旋的底部的汇流与在顶部的逸散,对流层应该至少被分为两层。再次,由于来自地表的干扰,地表向上一公里的空间应与其他层区分开来。因此,将大气层分为至少四个分层似乎较为可取。"Richardson, *Weather Prediction by Numerical Process*, 16-17.

[3] Ibid., 66.

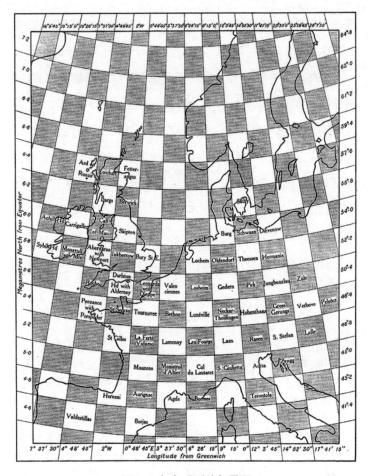

图 16　气象观测站部署图

　　"为适应主要大气物理特性的气象观测站部署图……阴影的方格的中心显示气压，白色方格显示风速。"来源：路易斯·理查德森，《数值方法的天气预测》，卷首画（局部），1922 年

格。事实上，网格对他而言并不主要是一种空间技术。他的晶体网格建基于真实世界，但也存在于抽象的几何空间，后者则不受国界与地理特征的限制。理查德森的网格便是并行计算中的晶格结构：每个方块都有一个数字来代表自己，后者则在输入集成算法后成为大气现象建模的数据来源。[1]

　　而控制论理论家也会在之后发现，这些"晶体网格"的出现得益于单一晶体的黑箱化加密。这一现象也显见于理查德森的成果。当每个方格中心的坐标被地图上的数字代替后，方格自身便被黑箱化了，理查德森的系统则不需要更加细化的信息。确定单个网格大小的下限后，每个方格便成为一个原子——无法切割、无法传统、完全隐形。这些单元格的功能完全依赖外部作为整体的网格结构，而从不向内依赖某种实存的微观存在或内部特性。

　　理查德森用"有限的部分"（definite portions）来描述这些原子一般的小单位。"热力学或空气动力学经常谈及液体'有限的部分'如何运动，这些部分可以是水里的一滴牛奶，或空气里的烟雾……分子会经常穿梭于那些所谓'有限'的元素中，但人们习惯忽视这一点。"[2]因此，理查德森的"有限的部分"并不是真正意义上的物，而更像是几滴水、几团烟雾。它们是流体内拥有具体的局部区域，并作为界限或强度而存在。

　　设计出气象模型后，理查德森则提出，要用纸笔计算来检测

1　关于理查德森与计算云层和天气的计算基础设施，更多可参见 Seb Franklin, "Cloud Control, or The Network as Mdeium," *Cultural Politics* 8, no. 3 (2012)：443 - 64。

2　Richardson, *Weather Prediction by Numerical Process*, 66.

整个系统。"让我们现在画张图来检验前面几章的设计吧，"他在书中写道，"我们来将它应用于《自然》中提供的既定案例，然后用档案中最整全的观测数据组来进行测量。"[1] 有了可以实证、测量的天气数据组后，理查德森则希望通过晶格的框架得出同样的数据，或者按他的话讲，进行一次"晶格-再生产法"（lattice-reproducing process）的实践。

> 初始数据将按照特定模式排列，我们借用晶体学的
> 术语"空间晶格"来描述此模式。当我们在任何晶格的
> 内部施加压力时，数值计算便必须也得出相应的压力。
> 其他气象因子也需要遵循此规则。这种数值计算则名
> 为"晶格-再生产法"。[2]

理查德森的"方法"是算法机器所使用的一种书写系统，其中多个单元格会通过一系列复杂的非线性计算，对其自身进行相互平行的表达。如果他的矩阵与实际的观测数据相吻合，那么模型便成功了。

与此同时，理查德森也明白晶格内部的复杂度，而后者可以在其内部聚合异质的区间与元素。他将这种晶格内的差异称作晶格"密度"的变化。因为气象观测点的数量在开阔海域与偏僻的荒野必然较少，所以这些区域的网格也必然会更宽一些；而在

1　Richardson, *Weather Prediction by Numerical Process*, 181。

2　Ibid., 156.

人口众多的土地上，观测点则会超出所需的数量，致使网格分布紧密、相互交叠。理查德森针对这种密度分辨率不均的问题设计了一种技术方案，即这些独特的分辨率必须"接入"（interfaced）或被纳入同样大小的全域地图。而他则把这些接口（interface）称作"节点"（joints）。

> 在部分海域、两极附近以及荒漠地带，没有人来观测天气，也没人看天气预报……而世界上的一些其他地区，尤其是海上地带，如果能有相对于人口密集地区更宽阔的网络，提供一些粗略的预报还是有可能并且值得一做的。但这两种网络必须在计算的形式上相统一，也就是其中代表大气的数字可以在不同节点间流动。[1]

节点将分辨率较低的荒野或开阔海域与被人开发的、高分辨率地域连接起来。而当下的数字网络也明显使用了这种技术，其中高数据流量的"主干网络"通过交换机和路由器与低流量的"支线"信道相连。

理查德森甚至算出来了野外与人居地之间最佳接口的数值。"可见，相较于缩减 4 倍，缩减 9 倍后的节点会更加整齐，因为前者需要插入的节点更多。"[2] 到底是 9 倍还是 4 倍，真正的数字没有那么重要。不管选择哪种，理查德森都在试图规避他口中野外

---

1 Richardson, *Weather Prediction by Numerical Process*, 153。
2 Ibid.

和人居地之间"晶格的剧烈变动"[1]。他解释道,这个还处于雏形中的系统可以由此容纳并处理各种异质性的元素。如果个体单元或行动者拥有了自主性,那么它们之间的差异便会对系统整体造成威胁。理查德森的晶格结构成为一种实时管控的装置,在单一技术内同时统摄着"荒野"与"人烟"。

1　Richardson,*Weather Prediction by Numerical Process*,155.

14

一个正则的离散化框架

1940 年初，沃伦·韦弗与约翰·冯·诺依曼在给对方的信中讨论了一种二者构想中的发明，后者可以通过胶片摄像的方式对数学文章档案进行管理。该装置旨在"为数学文献编码，并通过摄像来进行高速筛选，最终找到论述特定话题的所有文章"[1]。虽然该装置没有成品，但韦弗仍对此做出了如下设想：

> 想象一下，有人拍摄了一段非常长的电影胶片，里面包含了自从——比如说 1900 年吧——所有数学文章的**摘要**。每份摘要都需要在胶片上留下一"帧"曝光；而在胶片的边缘处则写着一串复杂的代码符号，其以某种精巧的符号体系勾勒了文章的内容特征。进行研究的数学家可能会想要找到涉及（或间接论及）特定话题的

---

1 Warren Weaver，letter to John von Neumann，March 29，1940，box 7，John von Neumann Papers，Manuscript Division，Library of Congress，Washington，DC.

所有文章。他便会去找有这种胶片档案的图书馆或者
其他组织。把胶片放在机器里，让操作员调整一下机
器，机器便会（通过那些代码符号）只挑出那些处理或论
及相应话题的摘要。[1]

沃伦把他的想法同时发给了除冯·诺依曼之外的其他一些
同事。他这台可以编码并寻回印刷文章的装置，比范内瓦·布什
与之相近的装置早了五年，而后者则在其 1945 年《大西洋月刊》
的著名文章中提出了这一设计。[2] 沃伦的想法本质上是一个原始
的数据库，而里面的数据都有着元数据标签，这些元数据则可以
被搜索引擎搜索。

胶片将以极快的速度（比如每秒 1000 帧或 1000 份

1　Warren Weaver，letter to John von Neumann，January 31，1940，box 7，
John von Neumann Papers，Manuscript Division，Library of Congress，
Washington，DC.

2　参见范内瓦·布什提出的 memex 装置，"As We May T Atlantic Monthly"
（July 1945）。我们也可以对比韦弗的装置与所谓的楚泽叠录带（Zusepal-
impsest），后者作为电影底片被康拉德·楚泽（Konrad Zuse）用在其 1941 年
的 Z3 计算机上，用来为二进制数据进行编码。楚泽称"战争期间，我买不
到那种普通民用的打纸带机，那些机器已经配套 5 轨打孔带应用于电话业
了。我造出了自己的打孔和读取装置，并且用了普通的电影胶片——这是
赫尔穆特·施莱尔（Helmut Schreyer）的想法。而打孔则通过一个简单的
人工打孔机完成。"Konrad Zuse，*The ComputerMy Life*（Berlin：Springer-
Verlag，1984），63. 当然，楚泽的胶片与摄影术或电影没有真正的联系；胶
片上有图像并不重要，它只是该媒介在其前世留下的痕迹而已。

摘要)通过机器,然后机器便会自动拍摄那些符合要求的摘要,并忽略无关的帧。因此,只需非常少的时间,机器便可以根据这位数学家和其要求,来筛选每一份可能相关的摘要,并将真正相关的那些拍摄传送给发出请求的人。有了这份全套的摘要之后,他便可能去搜寻这些文章的全文。如果他那里的图书馆收录全面,他便可以浏览一番;如不然,他也可以继续用这些拍出来的胶片向中央部门索取文章的副本。[1]

这种微缩胶片数据库的想法更早的时候也有人提出过,其中最生动的提议来自 19 世纪末 20 世纪初的保罗·奥特莱。这位比利时律师、国际十进制分类法的发明者(他希望可以借此弥补杜威分类法的缺陷),也是图书馆与档案科学领域的发明家。奥特莱崇尚乌托邦,其思维也放眼全球,他于 1895 年创办了国际书目学会,旨在整合当下针对印刷文字而存在的所有分类系统。"截至 1900 年,麦尔威·杜威的图书分类法统合了 1700 万张分类卡……而 1908 年,奥特莱则提出,要创办一个国际中央图书馆,此提议获得了 200 多个组织的支持。1910 年时,他则召开了世界书目议会的第一次会议。"[2]

---

1 Warren Weaver, letter to John von Neumann, January 31, 1940, box 7, John von Neumann Papers, Manuscript Division, Library of Congress, Washington, DC.

2 Bill Katz, *Cuneiform to Computer: A History of Reference Sources* (London: Scarecrow Press, 1998), 326 – 7.

差不多与此同时,也就是 1906—1907 年左右,奥特莱与罗伯特·戈尔德施密特研发出了一本"可投影的书",名为书影(bibliophote),名字结合自前缀"biblio"(与书相关的)和"摄影术"(photography)一词。[1] 与韦弗后来的想法类似,奥特莱的书影系统也是通过对书进行拍照,最后以投影的方式再现。微型摄影术在当时已经为人所知,并且在 1870 年巴黎围城战时就已被使用。那时成千上万份信件都被拍摄为微缩胶片,并通过信鸽进行传送,而巴黎的卡纳瓦雷博物馆也有一幅名画记录了该场景。奥特莱的创新蕴含了巨大的野心,因为他想的是要统合全部的人类知识,把这些拍摄的文字分门别类,并让人们可以轻易获取。有了书影系统做基础,奥特莱又找到了诺贝尔和平奖得主亨利·拉方丹,与他合作,最终达成了自己人生的巅峰成就:1910 年,奥特莱发起了一项颇具野心的计划,知识检索博物馆(Mundaneum)。这项从未实现的计划想要让自身成为世界全部知识的居所,并在将这些知识分类、归档后,储存在日内瓦湖湖边的大型图书馆内。他宣称:"人类已经在今日抵达了全球化时代。"[2]

1940 年,阿兰·图灵在之前针对信息机器提出的新范式影响了韦弗与冯·诺依曼两人。根据图灵的设想,数据可以通过一台

1　Françoise Levie, *L'Homme qui voulait classer le monde: Paul Otlet et le Mundaneum* (Bruxelles: Les Impressions Nouvelles, 2006), 107.

2　Paul Otlet and Le Corbusier, *Mundaneum* (Brussels: Union des Associations Internationales, 1928), 2.

中央处理机器被编码至一条长纸带上。[1] "在图灵之后,自动机意味着什么?"数学家、计算机科学家赫尔曼·戈德斯坦如是问道,"它是我们俗话说的一种'黑箱',有着有限的状态,我们可以标为状态 1、2……n……(状态的)变化是通过与外部世界的互动来实现的,而在这里,外部世界的代表则是一条纸带。"[2] 对韦弗而言,"纸带"在这里则是他的电影胶片。虽然胶片究其本质而言确属线性,但在使用该装置时,人们也可以以非线性的方式在档案中寻找线索。"然后他顺着任何可能的线索来继续探寻,"韦弗在给冯·诺依曼后续的笔记上写道,"这一线索则会让他经常跨越之前存在的知识边界。"[3]

相较奥特莱,韦弗的提议并没有很大的野心,并且也能立刻实现。他的想法背离了电影胶片摄制的传统,并没有通过线性拼接连续帧的方式来创造幻觉,而是利用了电影连续帧背后离散框架的数码特质,组建了一个计算机可以快速处理的微型档案库。但韦弗的每一帧胶片之间并没有媒介的连续性;韦弗的连续性通过将单位帧重组为编码序列或模组的方式得以达成。我们可以说,这是一种先于结构电影概念本身的结构电影(structural film

---

1　参见 Alan Turing, "On Computable Numbers, with an Application to the *Entscheidungsproblem*," *Proceedings of the London Mathematical Society* 42 (1937): 230 – 65。

2　Herman Goldstine, *The Computer from Pascal to von Neumann* (Princeton, NJ: Princeton University Press, 1972), 274.

3　Warren Weaver, letter to John von Neumann, March 29, 1940, box 7, John von Neumann Papers, Manuscript Division, Library of Congress, Washington, DC.

avant la lettre）。

回想一下韦弗的装置有什么主要特征：一个由网格阵列组成的数据库，其中每个框格代表一个文本；处理框格的速度要比播放电影快一个数量级；阵列内有着处理和分类每条请求的符号代码；可以通过联想来浏览对象的主题；可拍摄以进行储存；也可以用重新拍摄的方式导出检索。

用重新拍摄的方式导出检索，这听起来可能有些奇怪，但在20世纪40年代，打印机还未诞生，如果有也不是现代的那种。早期计算机普遍使用的"打印"方法，都是照一张示波器的相片，假装它有一个屏幕，然后再进行显影和打印。在此意义上，韦弗将"搜索结果"重新拍摄出来的想法与当时媒介的惯常使用方式是一致的。

韦弗在设计中提议使用赛璐珞片基的胶片，但这并不是传统意义上的胶片。它传动时比播放电影慢，还是会快很多？这一问题还未有定论。韦弗提出的速度是每秒1000帧，但这也是他随意给出的数字，可能仍受到当时硬件读取和处理能力的限制。而有了电脑之后，速度便如其表亲时间一般，成为与其他技术变量无异的存在。速度和时间自此也与机器渐行渐远，在最基础的层面与媒介脱去勾连。

韦弗的"复杂代码符号"也同样值得关注。这个系统与霍勒里斯（Hollerith）的制表机和分选机或者巴比奇的雅卡尔打孔卡异曲同工，它们都有代表不同分类标头的两种孔洞。在这一"非线性微分方程"装置中，所有打着对应孔洞的框格，都会被重新拍摄，并返回请求处，以此类推。霍勒里斯的打孔卡系统也有着不同的统计分类装置。分类的逻辑也是一种遴选的逻辑。

综合上述特质，韦弗又提出了一种设计，它能更有效地在档案中找到材料，进而帮助研究者探究自己的推断，也可以凭借信息开拓推理与联想的新路径，并在实质上颠覆现存的分类系统，将个体的智能放置于信息系统的核心。

但他也为一些事情苦恼过。数学家们真的想要用这套系统吗？一套编码规则怎么能精细到可以准确描述所有文章的细微区别？假如编码规则需要更新，那些已储存的文章可以适配新的规则吗？而他在编码规则内部找到了一个解决方案。他建议冯·诺依曼使用"至少 12 个"符号，这样符号相互结合的自由度肯定可以为相应的文本提供"一个整全、可运作的描述法则"[1]。

只用 12 个符号便能抓住文本的核心要义？我恐怕不同意。相较于丰富无穷的思维与经验，象征系统在其面前则显得干瘪不已。我们的语言不应该和世界一样细致而繁杂吗？"想想世界何等多样，再俯首称信吧，"阿里尔在德里克·贾曼 1978 年的电影《庆典》中劝道，"否认它［世界］的多样性，便等于否定你真正的本质。"

韦弗的多媒介混合设计是文本、电影、代码的结合，它也是一个非常与众不同的人造物。很明显，它应该成为超链接与当今互联网的前身。它对于电影而言也意义重大，它体现了电影和闪动的胶片，在其诞生之初便是数码的，即便好莱坞在人们的记忆中

1　Warren Weaver, letter to John von Neumann, January 31, 1940, box 7, John von Neumann Papers, Manuscript Division, Library of Congress, Washington, DC.

仍是"模拟媒介"。韦弗清楚,照片框格离散、正则的特质可以被制作为计算机数据库中的一个个条目。对于他之前的威廉和朗德而言,相机则成为更大数码机器的一个元素,继而被纳入更大的体系之中。

第四部分　可计算生物体

15

数字生物体进化实验

1950 年早期，约翰·冯·诺依曼的电子计算机计划已经名满全球。意大利挪威混血的数学家、开拓了人工生命领域的尼尔斯·奥尔·巴里切利在得知此事后，直接从欧洲来到了普林斯顿，只为一用冯·诺依曼的数字运算器。[1] 在达尔文进化论原则的帮助下，巴里切利已经在创造数字有机体方面取得了成功。虽然这些有机体只是一些数值，这些小生物却可以在巴里切利的图纸上生长、死亡、繁衍、突变。

在 20 世纪，宏大的康德式策略——埃里克·阿利耶给过一个简明扼要的定义，"在知识理论中明晰主体与客体的关系"，它已经日渐衰退，取而代之的则是新颖、内部更具物质性、更导向过程的哲学。[2]

1　巴里切利在罗马出生长大，他的中间名奥尔来自他的挪威母亲。在"二战"早期，巴里切利主动发声批判墨索里尼，并最终于 1936 年携母亲和妹妹搬至挪威，并在奥斯陆大学数学系名下找到了住所。巴里切利终身未婚。

2　Éric Alliez, "What Is—Or What Is Not—Contemporary French Philosophy, Today?," trans. Andrew Goffey, *Radical Philosophy* 161 (May/June 2010): 13.

亨利·柏格森与阿尔弗雷德·诺思·怀特海（Alfred North Whitehead）等学者都希望由此绕开康德所设定的框架。而后来吉尔·德勒兹、凯瑟琳·马拉布等哲学家也加入进来，一齐致力于消解主客分离的人类中心主义，并将其替代为一个不断变动、转化，由物质实体组成的平滑环境。

众所周知，科学发现对于上述人物都有着巨大影响。怀特海经常引用量子力学的知识，德勒兹和马拉布则分别论及了黎曼曲面与神经科学。正如我们所见，控制论的影响也不容小觑，后者同样将世界视为一个不断通过控制与交流而发出信号、自我平衡的物质系统。虽然控制论的正史上没有巴里切利的位置，但1953年的春天与夏初，他进行了一系列非同寻常、十分重要的实验。而实验的成果则凝结成了他最为重要的著作，《于新泽西普林斯顿大学通过电子计算机进行的数字生物体进化实验》。[1]

在控制论的启发下，巴里切利创造了一整套基因，并让它们可以通过自己重组，从而与其他基因体构造更复杂的共生

1　Nils Aall Barricelli, "Experiments in Bionumeric Evolution Executed by the Electronic Computer at Princeton, N. J." (August 1953). Records of the ECP, Box 4, folder 45 (with additional blueprints in Map Box 1), Institute for Advanced Study, Princeton, NJ (hereafter cited as IAS Archives). 巴里切利曾经的一位学生西蒙·戈尔（Simon Gaure）描述他时称，他"在真正的原创者与暴躁怪人之间来回摇摆"[引自 George Dyson, *Darwin Among The Machines: The Evolution of Global Intelligence* (New York: Basic Books, 1998), 129]。虽然人们都承认他是一位先驱人物，引用巴里切利的文献却十分稀少，他的名字在人工生命研究者的小圈子外也鲜为人知。唯一的例外是戴森，他在《机器中的达尔文》中为巴里切利专辟了一章，并称巴里切利是他研究普林斯顿高研院电子计算机计划史的一部分。

图 17　尼尔斯·奥尔·巴里切利 1953 年演示数字生物体进化的细节

其中同时展示了混乱与稳定的基因组。相对混乱的中间地带代表着突变与失序的过程。左边与右边的纹理代表着不同的数字有机生物体。来源：尼尔斯·巴里切利，《蓝图》图 1d（局部），电子计算机计划档案，系列 I（超大尺寸）。图片来自美国新泽西州普林斯顿高等研究院谢尔比·怀特与利昂·莱维档案中心

体（图 17）。巴里切利模仿了生物学中生态系统的内稳态，并努力让他的实验也在两种危险的极端中取得平衡。其实，极端的每一端都可能会阻碍有机体的生长：一方面，单一的生物体环境可能会贪婪地将所有异质存在一并消减；另一方面，有机的结构若崩溃为纯然的随机状态，异质性存在也将被扼死其中。生命存于平衡之间。巴里切利意识到：（它处于）不可预测的混乱与不断重复的同质之间，纯然的随机性与绝对的单一物种之间。

巴里切利的成果因此展现了控制论系统的两大重要特征：首先是怀特海在几年之前所提到的**强度与生存**这两大价值；其次是于 20 世纪得到普遍发展的**平行因果关系**（parallel causality）模型。后者显见于拥有大量普通行动者的系统中。在这样的系统内部，行动者们发挥功能时相互平行，而非拥有特定的序列。[1]

———

"我 1912 年 1 月 24 日生于罗马"，巴里切利在 1951 年末申请富布莱特项目时写道，而这一项目也最终将他带到了美国。

> 1932 年，我通过了意大利的入学考试（古典学方向），并于 1936 年通过了数学与物理科学的毕业考试。1936 年，我定居挪威，科学研究领域包括理论统计学、平稳时间序列……数学理论中的进化概念……张量分析与相对论……1947 年以来，我一直任奥斯陆大学的助理教授。

但巴里切利的官方自述中藏着一个有趣的空白。据称年轻时的他在读博时，于战后的 1946 年向博士委员会交了一份长达 500 多页的博士论文，其中的字数远超过他领域内可接受的标

---

1 "Application for United States Government Travel Grant for Citizens of Norway," Barricelli member file, "Members," Box 7, IAS Archives.

准长度范围。博士委员会自然也要求巴里切利把论文改短：最多只能 50 页。不行，巴里切利回复道，要么 500 页，要么什么也不交。巴里切利最终选择了后者，在临门一脚的时候放弃了博士学位。[1]

在人们眼中，巴里切利一直在追求独立。这估计是因为他拒绝和任何个别的研究型大学存在过分紧密的关系，他在职业生涯期间从罗马大学搬到了奥斯陆大学数学研究所，又转到了普林斯顿的高级研究院、范德堡大学生物系，以及华盛顿大学遗传学系等其他院校。最终，他回到奥斯陆大学做了 20 年的无薪研究员，直至职业尾声。他也对逆时代之潮有所向往，这有时会帮助他取得成功（比如其 1953 年重要的数字生物体实验），有时显现为对既成科学话语的顽固反对（比如他在晚期试图推翻库尔特·哥德尔的不完备定理，最终却无功而返），有时则只是对过时之物的单纯喜爱（比如在他的同事抛弃计算机打孔卡之后，他却坚持使用这些卡片）。[2]

1　这则逸事取自托尔·格利克森（Tor Gulliksen）为巴里切利写的讣告。而格利克森在 2009 年 3 月 11 日的一次采访中对其进行了复述。巴里切利的博士委员会成员包括著名数学家索拉夫·斯科勒姆（Thoralf Skolem）、诺贝尔奖得主朗纳·弗里施（Ragnar Frisch）与赫尔曼·沃尔德（Herman Wold）。奥斯陆大学的奥拉夫·比耶克霍尔特（Olav Bjerkholt）向我回忆道，沃尔德在巴里切利撤回之前最终通过了该论文。

2　"就算所有人都有了电脑屏幕，他也坚持要用这些打孔卡。他给了两个理由：当你坐在屏幕前，你清晰思考的能力便会下降，这是因为有不相关的东西在干扰你的注意力；而当你把数据存储到磁性媒介上之后，你也不能确定它们会永远留在那里，而其实你根本不知道它们到底存在哪儿了。" Simen Gaure，引自 Dyson，*Darwin Among the Machines*，120。

"据我所知，尼尔斯·奥尔·巴里切利是第一个成功在计算机上真正实现人工演化实验的人。"计算机科学家蒂姆·泰勒如是说道。[1] 但很少有人知道巴里切利的实验，以及他是如何得到用来运行实验的计算机的。巴里切利一直在试着将达尔文的进化论转译为更严格意义上的数学模型。在用上新发明的电子计算机之前，他一直在用纸笔演算。[2]

巴里切利意识到，那时还属于新奇玩意的电子计算机，可以帮助他更高效、深入地完成实验。这部分源自随机存取存储器（random access memory）的出现，而冯·诺依曼的计算机，在有威廉姆斯管的加持后，则是第一批真正用上了这种装置的设备。普林斯顿的工程师们拿到了 40 根威廉姆斯管，并将其并排组装到了一起。因为形似汽车发动机的活塞，科学家们私下把他们的计算机内存称作"V40"。

电子计算机计划中的计算机内存管能承载 1024 个单词，每个单词的长度为 40 个"字母"（比特）。但这 40 根管子是并排的，而非依次相连，这也就意味着使用者不需要等着字母按照先后顺序出现，也就是从第 1 个、第 2 个，一直到第 40 个。当 40 根管子同时运作时，内存中的单词可以同时出现（或者被同时写入）。

1　Tim Taylor, *From Artificial Evolution to Artificial Life*, PhD Thesis, University of Edinburgh, May 1999, tim-taylor.com, accessed January 15, 2010.

2　Arthur W. Burks, OH 136. Oral history interview by William Aspray, June 23, 1987, Ann Arbor, Michigan. Charles Babbage Institute, University of Minnesota, Minneapolis.

"如果我们在 40 根管内存储 40 比特，那么便可以同时抹掉或写入一个 40 比特的单词。"阿瑟·伯克斯在电子计算机计划的口述史中回忆道。

作为这种射线管的发明者，弗雷迪·威廉姆斯与汤姆·基尔伯恩在描述通过管式存储器进行读取和写入这一方法时，是如此形容的："任意行的信息都可以通过电子束探测的方式提取出来，这一过程被称作'读取'；在'读取'过程中，该行的信息被重新生成了出来。在行中插入新信息并有可能覆盖旧信息的行为被称作'写入'。"[1]电子计算机计划中的装置不仅在纯粹算力上完美适配了巴里切利实验的需要，这种适配度也来源于前者将 40 个字母的单词排组为平行结构的信息组织方式。

巴里切利后来申请成为一名访问研究学者，从富布赖特项目与 1948 年的《史密斯-蒙特法案》那里获得了资助。当他一开始问及普林斯顿这台新装置的计算速度时，冯·诺依曼回复道："我初步测算了一下，有时间解决巴里切利先生问题所需的代码。"他写道：

> 我们的机器可以承担（巴里切利）所提出的量级，也就是每行有 1000 个单元，并在每个块中处理 200 行的信息。处理单块的时间在理想状况下大约为 1.5 到 2 小

1　Frederic Williams and Tom Kilburn, "Information Storage Means" (US Patent 2777971 filed May 16, 1949), 1.

时，但若出现特殊情况（这在机器运转中也在所难免），时长则有可能翻倍。所以，经过合理预测，可以在一天 8 小时内处理三个块的内容，每块包含 200 行。巴里切利先生的项目有 3000 行，也就是 15 块，因此时长则对应为 5 天，也就是一周。[1]

冯·诺依曼此时已经对巴里切利的实验有了很大的兴趣，他自己向富布赖特计划写了一封推荐信，以支持巴里切利的项目。冯·诺依曼在信中称，他十分熟悉巴里切利在遗传学上的工作，并认为其极富原创性、十分令人瞩目。[2]

巴里切利于 1952 年末或 1953 年初抵达普林斯顿。1952—1953 年[3]，他以电子计算机项目访问学者的身份留在学校，并于 1954 年再次返回普林斯顿后被授予了数学系的"成员"（member）。（巴里切利后来于 1956 年再次返校，但此次学院的

1　John von Neumann to Ragnar Frisch, letter, December 10，1951. Barricelli member file，IAS Archives. 冯·诺依曼提到的"1000 个单元的行"会让人以为巴里切利一开始在其实验中设定的基因总数为 1000 个相互平行的"基因"（以数字的方式表示）。但在巴里切利最终于 1953 年前期与普林斯顿开展实验时，基因的总数则为 512 个。

2　John von Neumann to Fulbright committee, letter, February 5，1952. Barricelli member file，IAS Archives.

3　冯·诺依曼 1952 年感恩节之前又给巴里切利写了一封信，信中称他十分期待巴里切利到访。而高研院《院长签字册》显示，巴里切利的签名时间为 1953 年 2 月 10 日。所以巴里切利要等到 1953 年初才来到美国。

官方记录中并未显示其身份。）[1]他的成员资格函由核科学家罗伯特·奥本海默签署，后者在 1947 年成为高研院的院长，而作为成员，巴里切利收到了 1800 美元的援助拨款。

1　参见电子计算机计划的操作记录册，上面显示巴里切利于 1956 年的 6 月
　　22 日与同年夏季的几天在其上进行了记录。Records of the ECP, Box 15,
　　IAS Archives.

16

假想中的生物学

　　等巴里切利来到研究院以后，冯·诺依曼便给他批了一些使用电子计算机进行数据处理的时间。那几年间，这台机器一直在处理用于国防的弹道数据，但这些任务主要在白天完成。巴里切利则值起了夜班，在计算机的内存中培养着一堆又一堆的人工有机体，又在黎明到来时把它们一并抹去。他在 1953 年春天的晚间进行了第一批的模拟，然后于春末和夏季总结出了一篇论文。他在 1954 年和 1956 年又回来了两次，并在调整后重新进行了原实验，以取得更好的结果。

　　巴里切利会多国语言，还以其中的几门出版过著作。他对于数字生物体进化的代表性研究跨越了 20 世纪 50 年代到 70 年代早期的 20 余年。1953 年至 1957 年，巴里切利在普林斯顿之行后写下了他的重要著作。这是一部 26 页的白皮书（可能并没有广泛流传），题目是《于新泽西普林斯顿大学通过电子计算机进行的数字生物体进化实验》。该白皮书于 1953 年 8 月被提交至研究院，里面还画着一批令人惊叹的大型规划图（图 17 与图 18），后

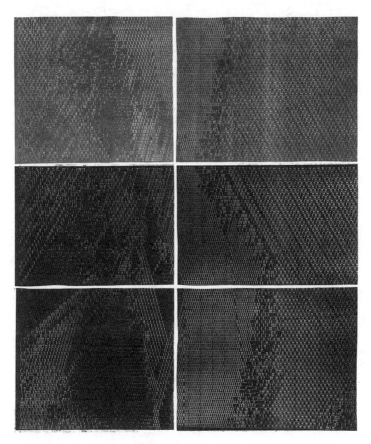

**图 18　组合图像,取自尼尔斯·奥尔·巴里切利 1953
年对数字生物体进化的演示**

来源:尼尔斯·巴里切利,《蓝图》图 1c 与 1d(组合),电子计算机计划档案,
系列Ⅰ(超大尺寸)。图片来自美国新泽西州普林斯顿高等研究院谢尔比·怀
特与利昂·莱维档案中心

者于第二年被发表在意大利的一份控制论期刊上。1962 年至
1963 年是研究的第二阶段,其间巴里切利在荷兰的一份理论生物
学期刊上发表了一篇长了很多的文章。文章综合并延展了其在

20 世纪 50 年代的成果,并另辟了一个章节来概述他训练人工有机体的方式,以及如何让有机体玩各种计算机游戏并取得胜利。在 1972 年的第三个阶段,他再次发文,综合并延展了 1953 年普林斯顿实验以来他所有的研究与思考。[1]

　　这三篇文章——从 1952—1957 年、1962—1963 年,到 1972 年——描述了巴里切利在计算机中创造人工有机体的方式。总的来说,冯·诺依曼的元胞自动机研究与作为生物理论的共生起源(symbiogenesis)都对巴里切利产生了很大的影响。[2] 但巴里切利的研究仍是自成一派的。他以一系列被他称作"基因"的数字

1　参见 Nils Aall Barricelli, "Experiments in Bionumeric Evolution Executed by the Electronic Computer at Princeton, N. J."; Barricelli, "Esempi Numerici di processi di evoluzione," *Methodos* 6 (1954): 45 – 68; Barricelli, "Symbiogenetic Evolution Processes Realized by Artificial Methods," *Methodos* 9, nos. 35 – 36 (1957): 143 – 82; Barricelli, "Numerical Testing of Evolution Theories: Part I, Theoretical Introduction and Basic Tests," *Acta Biotheoretica* 16, nos. 1 – 2 (1962): 99 – 126; Barricelli, "Numerical Testing of Evolution Theories: Part II, Preliminary Tests of Performance Symbiogenesis and Terrestrial Life," *Acta Biotheoretica* 16, nos. 3 – 4 (1963): 69 – 98; and Barricelli, "Numerical Testing of Evolution Theories," *Journal of Statistical Computation and Simulation* 1, no. 2 (1972): 97 – 127。

2　虽然二者肯定在普林斯顿开展过无数关于元胞自动机的对话,但巴里切利在 1957 年的文章中特别提到了冯·诺依曼在希克森研讨会上的演讲。冯·诺依曼在 1948 年 9 月 20 日于帕萨迪纳发表了该演讲,讲稿在编辑后以《自动机的一般与逻辑理论》为题发表于 *Cerebral Mechanisms in Behavior: The Hixon Symposium*, ed. Lloyd Jeffress (New York: Wiley, 1951),书中也共同收录了克劳德·香农对自动机的论述。巴里切利也在其文章中提到了俄国植物学家鲍里斯·科佐-波利扬斯基(Boris Kozo-Polyansky)与美国人伊万·沃林(Ivan Wallin)对共生起源的开创性探究。

开始，而这一名称则借自生物科学中的遗传学。巴里切利往这个原始的基因生态系统中引入了变异与繁殖的规则，并将其称为"行动准则""演变准则"，或直接简称为"准则"。这些规则决定了基因在连续的繁殖周期中如何实现传递。在将繁殖周期反复了千百代之后，巴里切利便可以大致复现达尔文式进化的现象。在许多代中，基因会融合为共生的集群，巴里切利则将其称为"有机体"。这些有机体的存在状态较为稳定，但它们也可能与临近的有机体或有传染性的落单基因碰撞，并将原来的有机体突变为新的稳态组合。巴里切利通过这些基因、准则和有机体创造了一套类似于生物系统的存在，而这套系统则完全发生于电子计算机用数字模拟出的宇宙之中。

　　这个系统如何运转？根据巴里切利的解释，"我们不是在用DNA或者蛋白质分子进行自催化繁殖，而是使用数字，通过合适的传统规则进行繁殖"[1]。巴里切利创造的"宇宙"包含着平行排布的 512 个基因，这些基因则由一整个数字阵列表示。该宇宙可以在纵向上无限延伸，并且左右边界是相连的。也就是说，任何跨出左侧边界的东西都会重新在右边出现，反之亦然。这个宇宙整体看起来像一个巨大的矩形栅格，其中每个小格都包含了一个基因。其中基因由负 18 至正 18 的整数表达。巴里切利用一副扑克牌代了生成随机数字的系统，并用生成的数字填入系统的

1　Barricelli，"Symbiogenetic Evolution Processes Realized by Arti Methods，"
　　147.

第一行。[1] 之后，他提出了几个准则（突变与繁殖的规则），并使用这些准则来决定 512 个基因在迭代后会生成哪些新整数；也就是出现在每个原始基因正下方的数字。由此，这些准则便可以将一行行的"父母"基因转译为下面诸行的"子"基因，并不断地通过同样的准则一遍遍地繁殖下去。如果表达为数字的基因在一个组中重复出现，巴里切利便会将该组称作一个"有机体"。因此，如果数字在接下来的繁殖中在一个完整的数字群中持续出现，那么数字群 5、−3、1、−3、0、−3、1 便可能代表着一个有机体的存在。完整的数字群的存在，意味着其中的数字必须在区域内排列完好，并将自身拓殖至巴里切利栅格中的临近格段。如果 5 突变为 −7，那么整个有机体就需要重新定义。

巴里切利的宇宙在图像上是自上而下，依次按行构成的：先填满最上面的行，然后是第二、第三行，再继续往下，填满下面的数百或数千代基因。巴里切利的算法在由上至下的过程中产生了一个矩形图像，组成矩形的基因网格内每个基因都看起来像独立的像素。完成后，该图像便能让人们一窥演化的时间线：最老的几代有机体处于顶端，而年轻的则在底部。

巴里切利的实验成果在视觉上很有冲击力。他并没有把各

1　巴里切利在其文章中定义了这个扑克牌系统，参见"Experiments in Bionumeric Evolution,"5，以及其后期文章 Barricelli, "Symbiogenetic Evolution Processes Realized by Artificial Methods,"154。这与巴里切利总体上非宗教的世界观不谋而合。巴里切利认为，世界是由随机之物通过平凡、世俗的科学规则组合与转变而成。在此意义上，巴里切利是个严格的唯物主义者。美、生命以及其他事物都是复杂物质互动的结果，而不是因神力影响而成。

个整数印在一个网格内,而是采用了一个简单的方法,并把它们转化为图像,让每个整数在肉眼看来都彼此不同——有点像字母数字符号在 ASCII 图像中,呈现出简易的灰度图一样。巴里切利直接使用二进制数字作画,并把 0 和 1 转变为处于或正或负位置的像素。[1] 二进制标志所形成的有趣纹理为巴里切利的美学效果增色不少。因为每个基因都由一组像素表示,只要看出像素图案自己形成了哪种纹理(也就是图像内形状或区域的纹理),不同有机体就能在视觉上被识别出来。纹理的不同使有机体得以彼此区分,而纹理的宽度与高度则代表着有机体的生命周期。因此,巴里切利一部分的"证据"实则存于他实验中独特的视角表达之内。

有趣的是,这些视觉表达同时代表着计算机内存的自身图像。有了威廉姆斯管加持,示波器得以用屏幕上的位点(bit)来表示像素,而基本上也不用区分什么是基因(在巴里切利这里,它只是一个整数),什么是像素了。数字、像素、基因三者在意义上几乎毫无差别。

基于 1953 年高研院彼时的条件,巴里切利在打印图像时可能用的是一台名为电记录纸打印机(Teledeltos Outprinter)的机

---

[1] 巴里切利将每个基因呈现为一条由短线组成的直带。每条短线都发挥一个像素的作用。每个基因为 1 短线宽、8 短线高。巴里切利在填充这些短线时直接把每个整数转换为二进制:"用到了少于 8 位的二进制数字。这些数字每 4 个排列为一组,数字为 0 的不做标记。负数的表达方式则是 0 与 1 互换。"为了帮助读者理解,巴里切利还提供了一个图例,上面展示了从 -18 到 18 的整数的表达方式。参见 Barricelli, "Symbiogenetic Evolution Processes Realized by Artificial Methods," 155。

器。该打印机由研究院的工程师威利斯·H.韦尔于 1950 年左右定制。据后者描述，打印机可以"快速外印主机内部存储中的内容。它可以将每行的数据打印 1 到 8 次。打印机每行打印两个单词，这样 1024 次的内存将在打印机上占据 512 行的空间（每'行'可能包括 1 到 8 次指针滑动所记录的内容）"[1]。不管巴里切利是否使用过该电记录纸打印机，他一开始确实打印出来了一组小型图像，每张的尺寸为 11 英寸×8 英寸。它将更小的图像并排成组，每组 6 到 9 张，将其编为更大的组合图像，最后再用蓝图技术进行复制。巴里切利留下的手迹也证实，这些蓝图需要并排排列，最终形成一张单一的巨幅图像，大约 3 英尺宽、8 英尺高。这张大型复合图像横向为 3 张并排的小图像，纵向则有 9 张。巴里切利印出的整体图像比一人还高，而他所构造的生命宇宙则可在混乱与统一的交叠中向下绵延 8 英尺之多。

在 20 世纪 50 年代早期，用电脑生成如此大的一张数码图像根本就是无稽之谈，就算可能，也难见一二。由于创作时期较早，巴里切利的图像兼具了艺术与历史意义。与此同时，他的蓝图和其他图像也与各种以像素点组成的光栅图像一道，在门类上可回溯至 18、19 世纪，并且与镶嵌画或织物等更古老的表现形式同享

1　W(illis). H. Ware, "Instruction Manual：Teledeltos Outprinter"（17 July 1951），1. ECP West Storage Bldg. Box 1, folder 22, IAS Archives.机器纸带仓的宽度为 8 到 9 英寸。"我建了一个小装置，它依赖——我们过去所称的电记录纸，这是一种热敏纸，你可以让指针滑过纸张并让其显色，"韦尔在多年后的口述史中回忆道，"它运转良好。"参见 Willis H. Ware, OH 37. Oral history interview by Nancy B. Stern, January 19, 1981. Charles Babbage Institute, University of Minnesota, Minneapolis。

源流。而我们已经在第二部分发现，这些表现形式通常是机械化、基于信息的，这种组织方式也与现代的计算技术不无关联。

巴里切利 1953 年的论文记录了 9 种繁殖准则。1957 年，他则将系统规范化为 5 个核心准则的组合：0（或零）准则、A 准则、B 准则、C 准则、D 准则。每个准则都有着自身的个性。他记录道："C 准则倾向于无组织状态，其中任何单一的物种都很难侵入整个基因宇宙。而 D 准则会用有限的基因在有机体中创造突变并破坏有机体的存续。"[1]

这些准则也有着更加技术性的定义，但究其本质，它们都遵循着移动、碰撞、突变的一套模式：基因在繁殖时基于自身的数值向左或向右水平移动（因此，基因 4 会向右移动 2 个单元，－2 基因会向左移动 2 个单元，以此类推）；如果两个基因恰巧落在一个位点上，它们便会彼此碰撞，继而两基因发生突变；突变的方式由统摄基因的准则决定；每个准则都通过独特的数学公式来决定新整数为何，计算的结果取决于突变基因上下与临近单元的数值。

巴里切利的准则拥有一个限定的范围。虽然这些准则可以在整个宇宙中适用，但每个准则本质上是局部的，它们统摄着各个独立位点的行为，并受到其相对位置所产生的变量的影响。这些准则规避了宏大规则——例如先验同一性（transcendental

---

1 Barricelli，"Symbiogenetic Evolution Processes Realized by Arti Methods，"156.论文发表的四年之后，巴里切利又加了两条准则，但最终又放弃了它们。他也将 0 准则称为"排他准则"，并创造了一些更生动的名字：红色准则、黄色准则、蓝色准则、改良版蓝色准则、绿色准则、改良版紫色准则。参见 Barricelli，"Experiments in Bionumeric Evolution，"3‑4。

identity)或本质行为（essential behavior）——而更倾向于局部规则。这一原则能在更广泛的层面上适配元胞自动机系统的运转方式。元胞自动机的系统会赋予每个小单元相对的独立性，但也会限制每个单元的视野与行为。

通过仔细阅读这些数字创造的空间，巴里切利不仅能够识别基因之间的共生关系，也可以辨认可能构成有机体、发挥"微生物"作用的小群落，以及附着在有机体上的"寄生虫"。他也发现了遗传、基因传递、适应性、突变等生物学现象。1962 年，巴里切利总结了他在共生有机体中发现的"类生命特质"（life-like properties）的不同特质："（A）自我繁殖；（B）杂交；（C）巨大的变异性；（D）突变……；（E）自然生成（Spontaneous formation）；（F）寄生；（G）修复机制；（H）进化。"[1]

巴里切利的宇宙拥有着完全意义上自成一体的组织形式，其组织程度超过了生命体领域。"虽然这片土地上的特殊条件似乎对有机复合物组成的生命形式多有偏爱，但这并不能证明以其他方式构造别的生命形式是不可能的。"[2]巴里切利虽然承认，自己的想法与达尔文的理论有关联，但他其实对生物学领域进行纯粹的模拟并无兴趣。他的实验并不是在创造模型，而是旨在开创一个自主、完全由数字生物构成的生命之域。巴里切利的数字有机体，从最根本的层面看，是存在于一台数学机器中的"有生命"之

1　Barricelli，"Numerical Testing of Evolution Theories：Part I"（1962），80.

2　他认为共生起源中没有任何东西需要化学或生物上的基质（比如 DNA 分子的基质）。参见 Barricelli，"Symbiogenetic Evolution Processes Realized by Artificial Methods，"146。

图 19　2010 年进行的尼尔斯·奥尔·巴里切利 1953 年实验的重置版

其中纵轴缩小了 8 倍，以呈现范围更长的进化时间线。不同的纹理区域代表着不同的有机体。纹理之间的边界表示有机物可能死亡、突变或进化了。而条纹状与相互交织的纹理则包含着共生的有机体物。如果它们也呈现出了一些生物学领域的特质，那也未为不可。

也许有许多科学家会怀疑——以及有许多宗教信仰者会谴责——巴里切利创造人工生命的想法。巴里切利肯定对此也有所耳闻，因为他后来费尽心机地在文中要为读者阐明，自己的数字生物有机体到底是不是"有生命的"。1962年，他觉得有必要在自己的论文前面加一个特别的"作者注"，然后在后面几页又补了一则脚注，这些都是为了减轻读者相关的焦虑。"（我的）一些结论可能会让读者震惊。"他如此承认道。[1] 但巴里切利最终回避了创造生命的问题。他指出，"有生命的存在"（living being）一词并没有被他或任何人充分定义。而巴里切利认为，有生命的存在，例如地球上的树、动物、人等生命，都只是他眼中"共生有机体"这一更高级的分类中的一部分。据他所称，数字生物有机体也处于这一共生有机体的层级中，但这并不会支持，抑或不会否定神创论或科学对地球上生物的定义能力。

即便如此，如果读者还有未被疏解的疑虑，巴里切利建议他们抛去成见，把自己想象为一个在身处危难时"稳扎坚地"的攀登者。"被证实的事实与宗教推理是科学知识可建基其上的坚实地面。情感、观点以及任何对于新观点的本能反抗则不属此类。"[2]

1　Barricelli，"Numerical Testing of Evolution Theories：Part I"（1962），69-70.

2　Barricelli，"Numerical Testing of Evolution Theories：Part II"（1963），7.

17
强度与生存

1953 年对于巴里切利十分关键。之前他从来没有在自己的数学实验中实现真正的进化。那年夏天之后,他回到了奥斯陆,并在 10 月(用法语)给冯·诺依曼写了一封信,着重强调了后者的电子计算机如何助力他实现了质的飞跃。

> 在普林斯顿的实验之前,我没有一次观察到进化的过程。之前实验中的有机体没有发生过任何变化。唯有普林斯顿的证据显示,这些有机体能够持续实现进化的过程。[1]

1953 年的夏末和秋季,巴里切利则去往各处宣讲他的成果。

---

1 Nils Aall Barricelli to John von Neumann, letter, October 22, 1953. Member file on Barricelli, IAS School of Mathematics, Members, Ba-Bi, 1933 – 77, IAS Archives. 可以想见,巴里切利的意思是,这些成就不管在他自身还是其他科学家的研究中都前所未见。

他于 8 月 30 日在意大利贝拉焦的一次国际遗传学代表大会上做了报告，几周以后的 10 月 10 日，他又去了罗马的电信研究所报告了成果。

但 1953 年的实验仍然不具有说服力。巴里切利 1954 年再度回到普林斯顿，他优化了自己的算法，以期获得更好的结果。他写道："下一次数字生物体实验最重要的目标之一，便是要找到开启无限制进化的方法。"[1] 1953 年的实验饱受寄生基因的袭扰。而更可怕的是，巴里切利注意到，用不了几代，实验的结果就会呈现出标准、同质的模式。这些标准模式分为两种：要么是纯粹的一致，要么是纯粹的混乱。要么是杀死所有他者、创造同一环境的单一有机体，要么是没有赢家的乱世争雄，最终一直保持随机的混乱状态。巴里切利后来把这两者称为"有组织的同质性"与"无组织的同质性"。[2] 它们便是巴里切利的斯库拉与卡律布狄斯[3]。1954 年回到普林斯顿后，巴里切利的目标便是更小心地控制实验的平衡，希望能在两种致命的极端之间实现"无限制进化"。

1953 年，巴里切利就哀叹过其早期实验结果的缺陷：

> 所有的实验都显示，在整个基因宇宙中只采用一个
> 准则——在 500 代内的绝大部分情况下——都会导致

1　Barricelli，"Experiments in Bionumeric Evolution，" 12.

2　Barricelli，"Numerical Testing of Evolution Theories：Part I"（1962），88.

3　卡律布狄斯是古希腊神话中波塞冬和盖亚之女，是坐落在女海妖斯库拉附近的大族涡怪，会吞噬经过的船只，她与斯库拉一起给奥德修斯带来了挑战。——译者注

整个宇宙的**同一状态**(uniform conditions),例如逐渐走向无组织状态,或单一物种拓殖至整个基因宇宙。而同一状态确立之后,一切之后的进化便会停止。[1]

但一年之后,他已经在这一方面取得了一些进展。

1954 年实验的主要目的便是找到方法,以防止物种在进化过程中遭受毁灭,与此同时实现**持久的进化**过程,并维持理想世代数量的稳定性。[2]

为了实现"持久的进化"并避免单一物种与混乱的双重威胁——也就是两种"同一状态"——巴里切利发现了一个窍门。他开始同时设定 3 个或更多准则。举例来说,前 100 个单元可能遵循准则 A,后面 100 个则是准则 B,再后面是准则 C,以此类推。而事实证明,把不同准则叠加在一起有很大的帮助。[巴里切利最终设计了一个系统,让其中的多个宇宙同时运行;他可以把一整块的基因从一个宇宙复制到另一个宇宙,通过引入新基因的方式实现异体受精(cross-fertilize)。]通过跨越边界来混合两种数学准则也创造了许多基因间的摩擦点,这增加了基因池的复杂程度,并因此提高了生物多样性。将多种准则引入繁殖周期后,巴里切利便能够实现代代接续的持续进化。如果在纯粹稳态与纯粹变化之间实现了某种平衡,那么进化便是成功的。相反,如果

1　Ibid., 6, emphasis added. 其在文章后面也称:"当相对适配程度达到最大值,进化过程便会长时间处于停滞状态。"(18)

2　Barricelli, "Symbiogenetic Evolution Processes Realized by Arti Methods," 168.

几千个进化周期之后，基因池堕为一片随机状态，没有新出现的共生有机体，那么实验便是失败的；同样，如果基因池中的一个单一超级有机体横行其中，杀死了所有其他物种，那么实验也是不成功的。实验的目标便是促成平衡。任何"正反馈"，不管代表着促成还是瓦解的力量，都对生命构成威胁。

这么一说，巴里切利有点像个生物学上的凯恩斯主义者。他希望减少其生态系统内潜在的威胁，而方法则是通过有针对性地限制较为有害的趋势，因为如果缺乏管控的话，它们就会造成影响全系统的灾难。为了维持有创造性的进化，巴里切利通过管控实现了以平衡为标志的适度状态。

巴里切利"持久的进化"中所表达的世界观，与前文提到的一些所谓的过程哲学家（process philosophers）有相近之处。（我们仍不清楚，巴里切利是否了解怀特海、柏格森、斯宾诺莎，或者其他身处这个哲学传统内的哲学家。）在论及黑格尔时，马拉布在文中认为历史的进化"是在保持与消减之间取正确的比例"[1]。一些

1　Catherine Malabou，"L'autre monde，"*Fresh Théorie* 2（Paris：Léo Scheer，2006），336. 在 1888 年英文版《共产党宣言》的序中，弗雷德里希·恩格斯（Friedrich Engels）并没有将黑格尔与达尔文的进化生物学关联起来，而是认为马克思与达尔文有相关之处。恩格斯写道，马克思"（这一思想）对历史学必定会起到像达尔文学说对生物学所起的那样的作用"。Friedrich Engels，"Preface to the English Edition of 1888" in Karl Marx and Friedrich Engels，*The Communist Manifesto*，trans. Samuel Moore（London：Penguin，2002），203.（译文引自《马克思恩格斯全集》（第二十八卷），北京：人民出版社，2018 年，第 530 页。——译者注）也确实如此，在黑格尔之后，每个科学家——作为经济学家的马克思，与作为生物学家的达尔文——都在看待历史时认为偶然性胜过必然性，而本质则须屈从于进化。

事物会留存下来，而其他的则湮于尘烟。巴里切利恰恰是在寻找这种正确的比例，以此确保其数字生物有机体的生命存续。

巴里切利的语气也很像（早于他的）怀特海与（晚于他的）德勒兹一类的哲学家。怀特海所谓的机体哲学（philosophy of organism）——他承认该哲学"与斯宾诺莎的思考方式"紧密关联，并于 1929 年出版了《过程与实在：宇宙论研究》——与 25 年后巴里切利想在实验中解决的问题同属一类。"机体的学说，"怀特海在书中写道，"试图将世界描述为诸多个别现实实有的生成过程，而每个实有自身都拥有绝对的自我实现（self-attainment）。"[1] 或如书中后面所写："对于自然而言，问题在于要创造一个'有结构'且结构'高度复杂化'的社群，并且该结构同时也应是'无特别分工的'（unspecialized）。这样，强度与生存便相互适配了。"[2][3]

巴里切利也同样想要促成强度与生存的联盟。他的共生有机体若想要长久存续，便需要实现合适的"强度"。它们既需要自身拥有一定的异质性，也需要是"无特别分工的"，这样它们便可以在与其他有机体发生基因碰撞时实现质变。"我可以以如此的方式来表明我的结论，"巴里切利在一篇信息丰富的总结性文章中写道：

1　参见 Alfred North Whitehead, *Process and Reality：An Essay in Cosmology* (New York：Free Press，1978)，7，60。

2　Ibid.，101.

3　对怀特海引文的翻译参考了李步楼译：《过程与实在：宇宙论研究》，怀特海著，北京：商务印书馆，2011 年。——译者注

要让共生有机体的生存有一些困难,但不要完全消除生存的可能性,要让困难变得多种多样、十分严峻,但也不要过分严重;要让条件频繁变化,但不要太过激烈,也不要同时改变整个宇宙;然后你便可以看见,进化正以惊人的速度改变着共生有机体,并且进化也在创造着各种特质与有机物,使得共生有机体有能力应对所有的困难与新状况。但如果你任凭共生有机体在完全同质的宇宙中享受和平与安全,那就别想着看到什么进化过程了。在这种情况下,你除了最简单的分子之外,看不到任何更复杂的东西。[1]

若视之为一个整体,这些观点是迷人不已的。巴里切利仅凭一段论述,便提供了一则生物学理论、一种伦理学和一个历史理论。

---

[1] Barricelli, "Symbiogenetic Evolution Processes Realized by Arti Methods," 175.

18
并行的因果关系

　　巴里切利的计算生物体凸显了因果关系的问题。虽然因果关系在哲学史中已频频露面——亚里士多德的四因说、勒内·笛卡尔的身心问题，或者大卫·休谟对因果性的批判——直到 20世纪，研究者们才开始直接面对复杂与混乱系统内的因果关系问题。在热力学、非线性数学、生物学、复杂性理论，以及（最终的）控制论、系统理论、混沌理论的推动下，科学家们开始寻找方法，来应对此后超越经典科学阐释的物理实存。

　　非线性因果关系指的是通过间接、复合或多重原因来产生效果的方式。热力学便是其中的一个例子，其中涉及许多独立而并行作用的变量。举例而言，这些力量可以创造复杂的涡旋运动、层流应力、空气黏度、湍流、热流或热导率。[1] 其中许多非线性与"大量并行（作用）的"现象，在之前都被认为太过复杂，因此无法

1　有关媒介研究中的热，参见妮科尔·斯塔罗谢利斯基（Nicole Starosielski）即将出版的新书《媒体的冷与热》（*Media Hot and Cold*）。

用彼时现有的方式建模。而现在，它们则已经身处于科学知识的凝视之下（图 20）。

图 20　遇见障碍后创造出湍流的烟雾轨迹，艾蒂安-朱尔·马雷

来源：法国电影资料馆，1901 年

　　哲学与社会科学也在追寻更精巧的因果关系理论，并超越 a 导致了 b 这种过分简单的说法。在《国富论》中，亚当·斯密使用了著名的隐喻"无形之手",来解释微观层面个体追逐私利的行为是如何在国家或社会层面创造好处的。[1] 斯密之所以要借隐喻来表达这一点,是因为他无法将小范围的行为与大范围的结果相关联。相反,(无论是黑格尔还是马克思的)辩证法则提出了一种新颖的、基于否定与颠倒的因果关系。辩证法中,原因并不直接导致结果,而是要先与其对立之物相遇,最终通过"否定之否定"吸收并摧毁该对立。

"我并不特别痴迷于**多元决定**(overdetermination),"法国马克思主义者路易·阿尔都塞(Louis Althusser)在评价其标志性概念时如是说,"但既然没有其他更好的概念,我还是会使用它,把它既当作一个**指示符**,也当作一个**问题**。"[2] 阿尔都塞在其《矛盾与多元决定》一文中借用了弗洛伊德、列宁、毛泽东、恩格斯、马克思等人的思考,试图将黑格尔与马克思式辩证法区分开来。"确实,黑格尔意义上的矛盾从来都不是**实质上多元决定**的,即使它经常拥有多元决定的所有表象。"[3]

对阿尔都塞而言,多元决定指的是多重历史原因的存在。当

1　Adam Smith, *The Wealth of Nations*,Books IV‐V (London:Penguin,2000),32.苏珊·巴克‐莫尔斯(Susan Buck-Morss)提醒道:"斯密(使用'无形之手')无疑承继了自然神学的传统,后者在自然世界的任何地方都能看到上帝之手的作用。"参见 Susan Buck-Morss, "Envisioning Capital:Political Economy on Display," *Critical Inquiry* 21 (Winter 1995):434‐67。

2　Louis Althusser, "Contradiction and Overdetermination," *For Marx*,trans. Ben Brewster (London:Verso, 1996),101.

3　Ibid.

某事物被"多元决定"时，这代表有多个同时起作用的因素在共同影响它。这些多重原因相互混杂、结合，导致了真实的历史事件。但是，原因的多重性从未在结果中被"解决"或统一。实际上，最终的结果保存了这些多重根本原因之间的冲突。

阿尔都塞提及了他眼中马克思原因链的"两端"：一端是生产方式，另一端是上层建筑。

> 这是链条的两端：经济起着决定性作用，但这种决定性是**归根结底**上的那种，恩格尔会说，（这种决定性）是长远意义上的，显于历史进程中的。但历史进程会通过多种多样的上层建筑（从地区传统到国际环境）来"开辟自己的道路（assert itself）"……简言之，"纯粹而简单"、非多元决定的矛盾则是……"毫无意义、抽象、荒诞无稽的"。[1]

在阿尔都塞的分析中，原因是不可能简单线性地影响结果的。经

1　Ibid.，111-13.马克思意义上"归根到底的决定"也受到了斯图尔特·霍尔（Stuart Hall）的导论的影响，该文收录于"The Problem of Ideology：Marxism without Guarantees," collected in Stuart Hall: *Critical Dialogues in Cultural Studies*, ed. David Morley and Kuan-Hsing Chen（New York：Routledge, 1996）. 他写道："我们需要承认政治中实际的非决定性。"而他又做了一个巧妙的颠转，并称，在此非决定性中，政治归根到底并不是经济的，实际情况是，经济是排在最前的（45）。"归根到底的决定"也在弗朗索瓦·拉吕埃勒的作品中获得了意想不到的新生，最著名的则出自其著作 *Introduction au non-marxisme*（Paris：PUF, 2000）。

济造成的影响是通过上层建筑的复杂传导而造成的。只有在此之后，历史基础（historical base）才能"开辟自己的道路"，并表现为逻辑上的原因。

　　德勒兹也针对因果关系提出过一个不寻常的理论，并将其命名为"准原因"（quasi-cause）。德勒兹希望将这种原因的效度降低，而非提高。这一概念十分模糊而棘手，而它也拥有一个丰富的背景故事。在解释准原因时，德勒兹唤出了法国超现实主义诗人，在"一战"中瘫痪的乔·布斯凯的灵魂。"我的伤口先我而存，"布斯凯称，"我生下来便是要赋其肉身。"[1]布斯凯的伤口以倒转时间顺序的方式先于他受伤的身体存在。布斯凯的身体（与他的身份）想必则是逐渐落入了早就指派给他的命运中。

　　德勒兹在其1969年《感觉的逻辑》的系列14、系列20、系列21中讨论了准原因。"准原因并不创造，它会'运转'（operates），

---

[1]　Gilles Deleuze, *The Logic of Sense*, trans. Mark Lester (New York：Columbia University Press，1990），148.更多关于准原因的内容，参见第6、124、125、146—147页。德勒兹的语言逐渐走向了一个魔法般的高潮，并将规范性语言直接嵌入到了对因果关系与事件的讨论中。在其中，出现了在哲学中十分著名的一句话："要么是伦理毫无依据，要么这就是它的意义，别无他言；对于发生在我们身上的事，它并非没有价值。"（149）这种基于个人所被分配的命运，将良好生活假定为肯定性事件的良好生活设想，在哲学与神学著作中有着漫长的历史。它也在莫里斯·布隆代尔（Maurice Blondel）的著作中生动地出现过，布隆代尔称，人必须将"作为意愿的意志"［will-as-willing（volonté voulante）］与"作为执愿的意志"［will-as-willed（volonté voulue）］相联合。参见 See Maurice Blondel, *Action（1893）：Essay on a Critique of Life and a Science of Practice*（Notre Dame, IN：University of Notre Dame Press，1984）。

并只欲求发生了的事物。"[1]德勒兹的解释强调了原因自身趋于闪避、回溯既往的一面，它只会在结果变得明显的时候出现。准原因像是一种原始的力量，让各种事物相互交流，但彼交流只在事物形成后才会发生。准原因被插入了一种状态之中；而它并不能说是引发了该状态。或者说得不正式些，准原因在结果出现后才"认领功劳"（take credit）。

这种奇怪的因果关系也吸引了马克·B. N. 汉森的关注。作为一个哲学家与媒介理论家，他在研究其他领域外也研究了怀特海的主题理论。主体性是怎样在多个经验层级同时运作的？主体如何既在有意识的思维层面存在，又在身体感觉的层面，或者原子的层级存在？举例而言，分子间的互动会触发人身体的某些感觉，那这些感觉会引发更高级别的有意识思维吗？那反过来又会怎么样？

为了回答这些问题，汉森提出了"间接参照"（indirection）概念。[2] 根据该概念，处于某一层级的异质系统将"间接"向上传导因果关系到系统的其他层级。这并不是 a 导致 b 的传统因果关系。它们的因果关系是非线性的，从一个数量级散发到另一个数

---

1 Deleuze, *The Logic of Sense*, 147.

2 Mark B. N. Hansen, "Speculative Phenomenology (Whitehead, Nonrepresentational Experience, and 21st Century Media)," lecture given in the University Seminar on the Theory and History of Media, Columbia University, New York, NY, November 8, 2010. 也可参照 Mark B. N. Hansen, "System Environment Hybrids" in *Emergence and Embodiment: New Essays on Second Order Systems Theory*, ed. Bruce Clarke and Mark B. N. Hansen (Durham, NC: Duke University Press, 2009)。

量级，例如从宏观散发到微观。

在汉森看来，生命的运作包含不同的层级。每个层级的现象都是自主并受限于其局部环境的。但这些现象也可能创造出附随现象（epiphenomena），并向上或向下传导至嵌套至系统的不同层级中。这些附随现象并不在其局部环境中具有直接的因果关联，它们的因果性会"间接"而有针对性地漫溢至异质性装置的其他平台（plateau），后者在更广泛意义上构成了主体的经验。

上述各种理论描绘着居于巴里切利数学生态系统核心的那种奇异的因果关系。巴里切利是怎样仅靠一堆整数组成的网格，就创造出一个活的生物体的？一串简单的数字怎么就有了生命？进一步问：这些活的生物体又是怎样复制与繁殖，并且给未来的子代"引发"与中介效果的？

巴里切利的系统与其说是个中介系统，不如说是一个"互介"（intermediation）系统。这个词则来自 N. 凯瑟琳·海耶斯。与阿尔都塞的多元决定、德勒兹的准原因、汉森的间接参照类似，海耶斯的互介也代表一种因果关系，在其中输入多元、并行的原因后，它则会在统合与碰撞的过程中生成结果。

　　互介的一个重要向度便是递归性（recursively），后者隐含在多重因果关系的共同产生与共同进化中。复杂的反馈循环将人与机器、新旧技术、语言与代码、模拟过程与数码的碎片化相互联结。虽然这些反馈循环会随时间而演变，其历史轨迹也因此跨度广泛，我们仍不能误把注意力全部集中于某个点，并赋予其不相称的地位，这很容易将复杂的互动关系扁平化为线性的因果链。[1]

但在巴里切利 1963 年的论文《对进化理论的数字验证》中，他不幸犯下了海耶斯所警告过的错误。[2] 在论文中，巴里切利论及了游戏，也就是最能凸显非线性系统的事物。他越过对进化行为的简单建模，而提出了一个问题，"是否有可能挑选出能执行并完成特定任务的共生有机体"[3]。换言之，人工有机体能否拥有特定的目标？它们能不能接受并完成任务？它们可以玩游戏并且

1　海耶斯的术语则借用自尼古拉斯·格斯勒（Nicholas Gessler）。参见 N. Katherine Hayles, *My Mother Was a Computer*：*Digital Subjects and Literary Texts* (Chicago：University of Chicago Press, 2005), 31.

2　1963 年的论文主要在讨论游戏。但其拥有着更大的历史意义，因为巴里切利在其中提出了"化学-模拟计算机"的概念，后者使用 DNA 分子作为计算的基质——该概念提出的时间距离华生和克里克发现 DNA 仅过去了十年。今日，它的名字便直接是 DNA 计算机，人们经常将伦纳德·阿德尔曼（Leonard Adleman）视为其构想者，因为阿德曼在 1994 年发表的文章中描述了 DNA 计算机。而在其文章发表的 30 年前，巴里切利想象中的 DNA 计算机包含着一个正常的"硬件"计算机，并与 DNA 分子组成的"湿件"（wetware）环境相连。巴里切利创造了一个"DNA-准则"来管理基件-附件互动的细胞行为。计算行为会先从硬件传送至湿件；DNA 分子会进行计算；然后结果会被反馈至计算机。"这种计算机本质上包含了一个自主、有给定程序的化学实验室，实验室中有各种读取、输出和其他装置以完成如下操作：解读并转化 IBM 卡片或磁带上的信息，并将其编入核苷酸与其他分子中。按照给定程序进行化学操作（程序也包含在 IBM 卡与磁带中）。通过打孔或输出机制将结果编入 IBM 卡或磁带中。"参见 Barricelli, "Numerical Testing of Evolution Theorie Part Ⅱ" (1963), 121.

3　Ibid., 100.

赢下游戏吗？或者用海耶斯的方式问：复杂的互动可以被扁平化为线性的因果链吗？

巴里切利选了一个名为 Tac Tix 的游戏。该游戏由皮特·海因发明，是中国拾石子游戏的变体。巴里切利在 1958 年 2 月的《科学美国人》上了解到了该游戏，然后便设计出了让其细胞网格对应至游戏网格上的方式。[1] 实质上，巴里切利是将基因图案与游戏策略融合在了一起。他 1959 年秋天在纽约大学 A.E.C. 计算机中心的 IBM 704 上做了测验，又在 1960 年夏天于布鲁克黑文国家实验室重新测验，并在范德堡大学做了第三次测验。最终的结果类似于初始版的机器学习——巴里切利有时会被人们认为是该领域的第一个实践者——其中个别有机体的进化方式更适合游戏，而它们也因此成为更强大的对手。巴里切利写道，"毫无疑问，共生有机体正通过某种基于突变、杂交、筛选的'进化学

---

1 拾石子在本质上是二元的。"因为数码计算机基于二进制运作，所以通过编程让计算机成为玩拾石子的高手并非难事，或者造一台同来玩游戏的特殊机器也不会很难。现任职于圣路易斯华盛顿大学的爱德华·U.康登（Edward U. Condon）是国家标准局的前局长，他也是第一台这种机器的联合发明人。这台机器以 Nimatron 为名称注册，由西屋电气公司制造，并在纽约世界博览会时展览于西屋电气大楼。在它玩的 10 万场游戏中，它赢得了其中的 9 万场。它大部分败场都是在管理员的管控下发生的，而管理员则是为了向持怀疑态度的观众展示该机器是可以被打败的。"参见 Martin Gardner, "Mathematical Games: Concerning the Game of Nim and Its Mathematical Analysis," *Scientific American* 198, no. 2（February 1958）：108。游戏 Tac Tix 的名字既指代了井字棋（tic-tac-toe），也和"策略（tactics）"一词有关。

习过程'来'学习'游戏"[1]。

在巴里切利手中，并行的因果关系根据与组织结构的适配性和环境中的竞争而相应展开，他在创造这些原则时先是借鉴了达尔文的进化理论，而后来则借于游戏理论。这个在初始阶段大规模并行展开的归纳性（inductive）、突现性（emergent）行为系统，在现在则十分聚焦、相互联结、互相贯通，并听从于新的指导性目标。巴里切利不仅想让它的生物体存活并进化，他也希望它们可以在游戏空间中习得最佳的行为。他想让它的生物体成为赢家。

"当代对线性因果关系的思想灌输太过强大，"海耶斯写道，"以至于它一直对当代思想构成了致命的诱惑。"[2]巴里切利如果足够明智的话，他便会接受这则警告。为什么要重新引入这种以管理与目的性纪律为方式的软性法西斯主义，继而损害一个突现性系统呢？为什么要将诸多降为统一？海耶斯认为，退回线性因果关系的诱惑"必须要遭受不懈的反抗，只有这样我们才能意识到多重因果、多种层级的等级制系统有何意义，它代表着分配多处的能动性、突现的程序、不可预测的共同进化，以及相交与相离进程之间看似矛盾的互动"[3]。

1　Ibid.，116.对于游戏这一话题，物理学家厄于斯泰因·奥尔斯（Øystein Aars）在其1993年为巴里切利写的讣告中提到，巴里切利不仅在研究可以玩游戏的自动机，他还制作了一个计算器上的象棋游戏，并将一些游戏卖给了挪威的游戏出版方达姆（Damm）；虽然无法得到详细信息，但这些事最有可能发生于20世纪70年代或60年代末。参见 Øystein Aars，"Nils Aall Barricelli"（obituary），*Aftenposten*（February 8，1993）。

2　Hayles，*My Mother Was a Computer*，31.

3　Hayles，*My Mother Was a Computer*，31.

　　如果忽视海耶斯的建议,任何组织系统、任何有机或无机的生命,都会在理解与呈现上遇到问题。在更糟糕的情况下,它会重新引发"同一状态"的问题,这与巴里切利在 20 世纪 50 年代耗费数月数年想要规避的难题如出一辙。

第五部分　晶体战争

19

危机时分

让-吕克·戈达尔(Jean-Luc Godard)在 1965 年宣称,"我满怀乐观,等待着电影的终结"。诚如他所言,终结之日临近了。居伊·德波在 1978 年春天则直截了当地认为:"于我而言,电影看起来快要终结了。"1965—1978 年之间发生了不少事情:60 年代中晚期群起的进步运动引发了 70 年代中期的危机与紧缩。这些改变显见于一系列事件与伪事件:巴黎与其他地区的学生反抗运动,法国左翼和各种武装运动的眉目传情,1973 年与 1974 年的石油危机,发达社会痛苦的经济基础改良恰好碰上了信息网络的兴起,与之同时发生的还有个体在社会中的角色之变。信息时代的崛起也是一个危机时期。实际上,玛丽·安·多恩(Mary Ann Doane)与全喜卿(Wendy Hui Kyong Chun)的反思便聚焦于如下的问题:对于信息时代而言,危机并不是时代中的巧合事件,而恰恰是其本质所在。[1]

---

[1] 参见 Mary Ann Doane, "Information, Crisis, Catastrophe," in *New Media, Old Media: A History and Theory Reader*, ed. Wendy Hui(接下页)

居伊·德波再没有从 20 世纪 70 年代的危机中恢复过来。他之后的生命一直饱受慢性疾病的困扰,而这些疾病则源自他日渐增长的食酒之欲。他离开了首都,而自己的著作也愈发变得内省,作品中的宣言与回忆录盘根错节。1978 年 3 月 8 日,德波作为激进电影人与作家的昔日荣光淡去了。"于我而言,电影看起来快要终结了,"他在一封信中写道,"这些时代配不上我这种电影人。"[1]

70 年代的十年十分漫长。"它开始于 1967—1968 年,结束于1983 年,"安东尼奥·奈格里回忆道,"1967—1968 年的时候,所有发达国家的学生运动都走上了街垒。"[2] 很多人都说,德波走上了五月的街垒。当情境主义者的涂鸦装饰着体面的法国社会门前的三角墙时,德波就算肉体没去,精神也肯定去了。但他不是一个上前线的战士。不久之后,德波便离开了巴黎,并定居在了法国六边形国土的一处偏远地区,奥韦涅的乡村。在那里,他度过了人生大部分余下的时间,在安全距离之外旁观着走过的游行。而之后的新社会运动影响并不如前,它在随后被铁拳政治打压,并最终被 70 年代中后期焕然新生的后福特主义经济扼杀了。

(接上页) Kyong Chun and Thomas Keenan (New York: Routledge, 2006), 251‐64,以及 Wendy Hui Kyong Chun, "Crisis, Crisis, Crisis, or Sovereignty and Networks," *Theory*, *Culture* & *Society* 28, no. 6 (2011): 91‐112.

1 Guy Debord, *Correspondance*, *vol. 5*, *janvier 1973 ‐décembre 1978* (Paris: Librairie Arthème Fayard, 2005), 451.

2 Antonio Negri, "Reviewing the Experience of Italy in the 1970s," *Le Monde diplomatique* (September 1998).

如果 60 年代代表着某种胜利,那么 70 年代便是被击败的十年。奈格里在反思意大利总理阿尔多・莫罗被红色旅[1]绑架并杀害时回忆道:"率先被击败的是社会运动。它们完全与传统左派的代表们斩断了联系……社会运动继而便堕入了极端主义,并变得愈发盲目与暴力。绑架与杀害阿尔多・莫罗便是终结的开端。"[2]

虽然其根源可追溯至更远的时代,但镇压暴动已经逐渐成为那些年世界关注的问题。在那时,国家与非国家行为体都在对压制大规模反抗运动的方式进行完善。军队和警察把个体与人口看作一种负担,甚至是威胁,并采用了从城市巷战、占领建筑物,到意识形态运动、赢取"民心",再到折磨与其他非致命方式的一系列策略。

不管是罗伯特・泰伯 1965 年的经典著作《跳蚤的战争》(*War of the Flea*)以及其他书目,还是美军在越战前后发行的野战手册中,上述策略均被归为不对称战争一类。法国军官居伊・布罗索莱 1975 年的《论非战役》则为不对称战争研究增添了一个值得关注的向度。布罗索莱切入的角度有着更明显的网络化与拓扑学意味。虽然军事理论很早就注意到有不对称的威胁存在——群众运动则是其中很重要的一部分——但布罗索莱却对法国军中的同事们提出了一个不太寻常的建议。他建议,军队应直接采用与反对派同样的结构方式和策略,以不对称来应对不对称。(20 年后,美国五角大楼在 90 年代也开始以第四代战争为名

1　意大利极左翼恐怖组织。——译者注

2　Ibid.

而采用相似的战略。）布罗索莱因此成为某种意义上的历史先驱，成为网络式战争（net war）的预言者。

布罗索莱的《论非战役》是一篇军事文本，是以一名军队内部人员的视角为相关人士而作的著作。它充满了国家主义与对军队的拥护，并没有对法国的国家权力展开批评，但该文章仍发出呼吁，认为军队在面对世界变局时应当进行改革。与 70 年代写于欧洲的军事文本无异，这部著作完全是冷战时期的产物。布罗索莱最主要的案例便是从东北部纵穿比利时而来的地面入侵。他坚称，法国军队必须"了解他敌"（Connaître l'Autre），而苏联扮演了那个"他敌"的角色。[1]

但布罗索莱的主要思考并不基于自我/他者或 西方/东方的二元对抗。与早于他的路易斯·理查德森一样，布罗索莱的语言也充满着异质性与复杂性。"他者与他人（The Other and the others），它们都是冲突环境中异质的元素，这些元素可能友好、可能不友好，可能温顺、可能强大，可能相互斗争、可能联盟一处——但即使如此，各方都是我们时代之对抗中多极辩证法的一部分。"[2] 彼时，阿尔及利亚刚在 1962 年从法国手里赢回了国家独立，阿尔及利亚也因此肯定是布罗索莱的一个重要参考。但他的思考也可能针对的是 1968 年的五月风暴，以及活跃于 70 年代的德国"红军派"与意大利红色旅等蔓延欧洲的革命运动。

布罗索莱称，未来的战争将以网络为中心，而未来的战役则

---

1 Guy Brossollet, *Essai sur la non-bataille* (Paris：Belin，1975)，13.

2 Ibid.

将成为非战役。法国不应该从"拳头"中获取力量，它必须从"针刺"(pinpricks)的方向出发。[1] 他在文中称，统摄其研究的核心原则，服务于"在我们希望中有决定性，但实际上仍是不可预测的（也就是战争）各种事件。我们必须用各类微小，但在统计意义上连贯的行动予以替换，而它们则被称为非战役"[2]。从拳头到针刺，从主要到微小，从决定性战略到随机策略——布罗索莱预测，未来的战争将是"多重形式、机动作战、无处不在的"[3]。

布罗索莱构想的战役由气泡与网格组成，其中由各个廊道相连(图 21)。廊道可以让如坦克那些与网络不适配的军用设备拥有在网格间快速机动的能力。但在非战役中，坦克或者导弹都不是最重要的。在赞赏战略核威慑的同时，布罗索莱认为军队应该转向开发**机动**部队(maneuver forces)，并且描述了这种部队的扫荡与探查(probing and testing)功能。"探查"部队包含四种单位：驻扎、摧毁、冲击、传输。[4] 地面驻扎模块(module terrestre de présence)或"网格"部队扮演的角色类似于"老虎队"(tiger team)[5]，每支部队都配备武器装备与一辆吉普车，并能够以单元的形式机动作战。[6]

1　Ibid., 67.

2　Ibid., 78.

3　Ibid., 15.

4　Ibid., 67 – 77.

5　指为解决或调查特定或关键问题而组织的特殊、多功能队伍。——译者注

6　关于网络与敌对结构的研究，可参见 Branden Hookway, *Pandemonium: The Rise of Predatory Locales in the Postwar World* (New York：Princeton Architectural Press，1999).

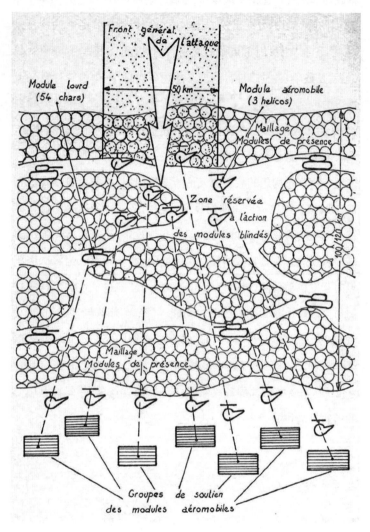

图 21　《非战役》，居伊·布罗索莱

来源：居伊·布罗罗莱，《论非战役》，巴黎：贝兰出版社，1975 年

　　几年以后,吉尔·德勒兹与菲利克斯·加塔利在其《千高原》中区分了他们所称的"平滑"(smooth)与"纹理化"(striated),前者是游牧、破碎、块茎般的,而后者则是沉定(sedentary)、有组织、树型的(arborescent)。[1] 布罗索莱的案例也证明,网络并非天生就是平滑的,它既可以平滑,也可以是纹理化的。虽然"纹理化"一词意为某种分层的组织方式,并在德勒兹与加塔利的著作中和地理学相关,但理解该词时人们也可以从**单元化**空间出发。这些网络化空间正是由约翰·冯·诺依曼与尼尔斯·奥尔·巴里切利等人于 20 世纪 50 年代所开启的。单元化空间,不管是网格还是更具可塑性的拓扑结构,都依赖链接与节点之间的严格、快速区分,即每个节点之间的互相区分。它们与平滑或**非单元化**的空间不同,就像建筑师康拉德·瓦克斯曼的"葡萄藤结构"(图 22)或莱伯斯·伍兹所设想的各种结构一样。伍兹的建筑或景观中,节点与边界之间经常没有明显的区分,而节点彼此之间也是如此。在其设计中,"平滑"的形式成为主导,并遵循着不同的逻辑:水力学、冶金学,"在动势、通量、变化"上纯粹的差异。[2]

　　布罗索莱创造出了一种多面、块茎化、网络化的战争语言,而这完全脱胎于冷战时代的两极、拥核国家的时代背景。威慑这一概念道出了问题的关键;核威慑创造了一种完全意义上的例外状态,只有非战役才能在其中被设计与部署。换言之,因为核武器

1　Gilles Deleuze and Félix Guattari, "14. 1440: The Smooth and the Striated," in *A Thousand Plateaus*, trans. Brian Massumi (Minneapolis: University of Minnesota Press, 1987), 474 – 500.

2　Deleuze and Guattari, *A Thousand Plateaus*, 409.

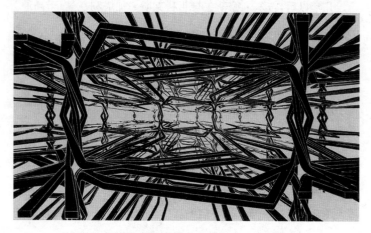

图 22 《葡萄藤结构》，康拉德·瓦克斯曼

来源：柏林艺术学院，康拉德·瓦克斯曼档案，Nr. 164 F.1. 版权所有：康拉德·瓦克斯曼，图片由雷·瓦克斯曼提供，1953 年

消弭了战争，战役也因此成为虚拟或假设。威慑使得战争走向了虚拟化。这完全遵循了孙子的古训："不战而屈人之兵，善之善者也。"

同时，布罗索莱也称，非战役的出现并非因为国力的强大，而是弱小。"1939—1975 年，"法国的军事进攻能力逐渐下降，布罗索莱如此哀叹道，"我们的国家从一个军事强国变成了一个军力中等的国家。"[1] 但我却认为布罗索莱在这个方面并非正确，因为他仍过分沉浸于法国昔日的帝国荣光之中。非战役并不是力量的削弱，相反，它甚至将力量提升到了更高的层级。目前的主流观点都披着克劳塞维茨的影子，即任何问题都可以在战役中解

1　Brossollet, *Essai sur la non-bataille*, 30.

决,但这一观点在核战争时代已经过时了。然而,当力量被提升至夸张的程度时,它便会发生颠转,造成相反的结果。

这种认识略微改变了网络化时代的起源神话,即保罗·巴兰等科学家 1964 年研发的分布式网络可以作为解决核威胁的一种方式,后者早已是老生常谈了。当然,这个神话并没有错。但以网络为中心的战争并未远离,也从未解决核毁灭的威胁,它只能算是核威胁的**结果**。以网络为中心的战争实际上是过去对敌方式的延伸或改良版。恐怖主义的出现代表着,绝对的力量实则创造了绝对的异轨者。或者也可以说,绝对创造了虚拟。

在讨论莫罗与红色旅时,德波则在 1979 年意大利文第四版《景观社会》的序言中斥责了游击队运动,并称红色旅只是不自知的棋子罢了。在莫罗被杀害前,德波在给詹弗兰科·圣圭内蒂的信中预测,莫罗会被自己的政府"杀死",并因此进一步巩固国家力量的权力——这在意大利被称为"历史性的妥协"——而这些权力则建基于所有人对恐怖与无政府状态的惧怕之上。

德波曾警告,"意大利是全世界社会斗争的缩影"[1]。对德波而言,莫罗事件代表着袭扰发达国家的新型非对称冲突,它显见于法国 1950 年代的阿尔及利亚暴动,也见于各种各样的激进分裂组织、爆炸与劫机事件——它们都属于布罗索莱彼时所定义的"非战役"。这些行为之所以被认为是"非传统的",是因为它们不

1　Guy Debord,"The State of Spectacle"(preface to the 4th Italian edition of *The Society of the Spectacle*), in *Autonomia: Post-Political Politics*, eds. Sylvère Lotringer and Christian Marazzi (New York: Semiotext(e), 2007), 96.

再代表着所谓文明、对抗式冲突的传统，即专业军队在已知的冲突地带凭借流血武装斗争打出胜者的方式。在今天，德波的生命已然被包裹在浪漫化的迷雾中，成为完美的典型，所以我们很容易忘记，德波在面对真正冲突时只是一株褪色的紫罗兰。他喜欢乖戾的胡乱批评，而不喜欢莫洛托夫鸡尾酒。但原始英雄主义的武装斗争叙事永远在挑动着他的激情。与许多政治思想者的想法一样，极具诱惑力的地方在于革命的快感，在于堕落的生命也许会有一天拥有全新的可能性。虽然布罗索莱的"非战役"与情景主义者的一些实验——比如漂移与劫持——异曲同工，老去的德波却回到了旧式的对敌方式之中。

"我对战争很感兴趣"，德波在其晚年的自传性作品《颂词》（*Panegyric*）中直截了当地说道，他的文中还夹杂着引自克劳维茨的文字，后者赞许了迈进战役时的情感强度（emotional intensity）。"自此，我便一直在学习战争的逻辑。而且我在早些年甚至取得过一些成功，在简单的棋盘上就将这些过程的本质展现了出来。"[1]

1　Guy Debord, *Panégyrique, tome premier* (Paris: Gallimard, 1993), 69-70. 虽然德波对于战争的关注并不带讽刺意味，也可能并不是批判性的，但可以推断的是，德波听说过恩格斯在 1851 年给马克思的信中对克劳维茨的评价。克劳维茨对哲学的理解很"奇怪"，恩格斯提醒道，但**本身**非常不错"。他告诉马克思，战争与贸易最为相像。"战争中的作战就像贸易中的现金交易一样；不管在现实中出现的频率多低，一切都会朝那个方向运动，而最终它将发生，并起到决定性的作用。"Karl Marx and Friedrich Engels, *Marx/Engels Collected Works*, vol. 40 (London: Progress Publishers, 1929), 241. 谢谢理查德·巴布鲁克将这封信给我看。

20
《战争游戏》

　　布罗索莱在构建"非战役"理论时,居伊·德波则在他乡下的家里玩着战争类游戏,并想着自己有朝一日也设计一款出来。1970 年出现的非对称冲突让德波对游戏的兴趣愈发浓厚。其中有一个四人游戏名为战棋(Djambi)。该游戏基于一块 9×9 方格的棋盘,与象棋上中世纪的国王、王后、骑士、主教不同,战棋中的角色则是那些促成高等自由民主政体的不同政治行动者:新闻记者、煽动分子、激进活动者、刺客。作为一个明显出现于近代后期的游戏,战棋也允许玩家创造各种媒介奇观与非对称战争。如果那时身处襁褓的后现代主义能被提炼与净化为一种智识上的反叛,就像象棋在封建邦国冲突中扮演的角色一样,那么战棋便是一种后现代的象棋。

　　"多亏有了战棋,"1978 年 5 月 7 日,德波在给其朋友兼赞助人热拉尔·莱博维奇(Gérard Lebovici)的信中写道,尽管后者对这个游戏颇有微词,"只要游戏的目标是消灭对方的一切存在,那么就只会有唯一一种胜利的模式。这种模式不能多方共享,因此在这个需要诡计骗术的游戏中，你骗不了任何人。其游戏规则的问题在于，游戏自身极权主义的目标与其要表现的'高等自由民主'之斗争是矛盾的。"[1]德波很清楚战棋自身荒诞的意指：一个棋类游戏怎样才能正确表征复杂的政治动态，并让政治动态包含法国、意大利，或者让-弗朗索瓦·利奥塔不久后在其论述后现代的著作中所称的"今日最发达的社会"？当权力精英为了躲避社会底层，进而走向世界时，应该做什么？当控制与组织不再是阶层化或压迫性的，而是块茎式与灵活多变的，又应该做什么？

图 23　玩居伊·德波的《战争游戏》
照片来自戴安娜·马丁内兹

实际上，那时德波一直醉心于尝试推演高等自由民主政体所面临的挑战，特别是如何通过简单的室内游戏来模拟武装斗争。电影终结了，那就需要一种新的形式。因此，在 1977 年冬季，曾

1　Debord, *Correspondance*, vol. 5, 462.

作为电影制作人与作家的德波做了一件对于左翼先锋知识分子
不同寻常的事情:他建立了自己的游戏制作公司。[1] 他制作的并
不是严格意义上的棋类游戏;而是他自己设计出来的类别,后者

1　游戏永远是德波工作中的重点。"游戏是情境主义计划最首要的向度,"德
　波的一位传记作家写道,"德波的一生都围绕着游戏展开:诱惑与战争、挑
　衅与伪装、各种各样的迷宫,甚至是字母派圆桌骑士玩'谁输了(自己)就赢
　了'的地下墓穴。"Vincent Kaufmann, *Guy Debord: Revolution in the Serv-
　ice of Poetry* (Minneapolis: University of Minnesota Press,2006),265.德
　波对游戏关注的那段时间正好是 1968 年事件后他自我放逐至法国中部一
　座小城市的时候。他在 1978 年坦陈道,"我一直想要过一场默默无闻、逃避
　世俗的生活,以使得我可以更好地对策略进行实验。我的研究结果并不会
　以电影的形式呈现"。我们可以假定,"并不会以电影的形式呈现"是在暗
　示《战争游戏》这种新的游戏形式;而有一个脚注提醒我们,这是德波最后
　一部电影。参见 Guy Debord, *In girum imus nocte et consumimur igni*
　(Paris: Gallimard, 1999),50.情境主义国际与《游戏的人:文化中游戏成
　分的研究》的作者约翰·赫伊津哈(Johan Huizinga)存在着有趣的重叠。情
　境主义的设计者康斯坦特便受到了赫伊津哈的启发。证据可见于其晚近
　阶段与本杰明·布赫洛(Benjamin Buchloh)的采访,其中康斯坦特期望调
　和赫伊津哈与马克思:"我认为,要在赫伊津哈与马克思之间构造联结并不
　是那么难……赫伊津哈在《游戏的人》中谈论的是一种思维方式,而非一种
　新的人类;他谈论的是人类,但是是拥有特定思维方式、时间条件的人类。
　比如说,当你处在一个狂欢节、宴会或婚礼时,你就暂时成为**游戏的人**,但
　第二天你可能就会变回**制造的人**(*homo faber*)。"参见"A Conversation with
　Constant," in *The Activist Drawing: Retracing Situationist Architectures
　from Constant's New Babylon to Beyond*, ed. Catherine de Zegher and
　Mark Wigley (Cambridge, MA: MIT Press, 2001),24-5.最后的**制造的
　人**指的是赫伊津哈前言中提到的概念:首先,存在着经典的**智人**(homosapi-
　ens)概念,然后是现代、工业(我们也可以假定这是马克思意义上的,虽然赫
　伊津哈拒绝使用这个名字)意义上的**制造的人**。但赫伊津哈的政治学相对
　于进步的革命而言,更偏向**旧制度**(ancien régime),这是在审视赫伊津哈与
　情境主义的紧密联结时经常被忽略的一个细节。

一开始在他的笔记中被称为 Kriegspiel（来自德语，意为"战争游戏"），后来便正式名为《战争游戏》（*Game of War*）。[1]

"我坚持要尽快将《战争游戏》抛至这个被打昏的世界，"德波在给莱博维奇的信中写道，"很明显，时机已至。"[2] 1977 年 1 月，两人成立了一个名为"战略与历史游戏"的公司，并着手推出《战争游戏》的一个版本。［德波也开发过一个名为《战舰游戏》（Jeu de la bataillenavale）的海上战争游戏，但游戏的规则并未被记录下来。］德波的《战争游戏》是拿破仑时代象棋的变体，双方在 20×25、共 500 格的棋盘上对局。（相比而言，象棋棋盘为 8×8，而围棋棋盘为 19×19。）与象棋类似，《战争游戏》也包含了不同威力与速度的

1　在其信件与笔记中，德波以"Kriegspiel"来指称其游戏——但我的德国朋友们坚持认为 *Kriegsspiel* 才是正确的拼写方式。但游戏在法国制作与发行时，德波则将其正式命名为"Le Jeu de la guerre"。德波在 1980 年 5 月 9 日给莱博维奇的信中短暂讨论了游戏最恰切的翻译。在审阅了英文的校样后，最后的问题则是英文的标题："战争的游戏"（The Game of the war）还是"战争游戏"（The Game of war）？ 德波坚持道："我们必须选择更加泛化和伟大的名字。就算 kriegspiel 和 wargame 在'语言学'上精准对应，但在历史意义上却是大相径庭的。Kriegspiel 代表着'指挥官们的严肃训练'的意味，但 wargame 则像是'军官们玩的幼稚小游戏'。"参见 Guy Debord, *Correspondance*, vol. 6：*janvier 1979 – décembre 1987*（Paris：Librairie Arthème Fayard, 2006），55-6。

2　Debord, *Correspondance*, vol. 5, 451.事实上，德波自从 20 世纪 50 年代就开始试验不同形式的《战争游戏》了。在有记录的档案中，他第一次提到游戏的时候是 1965 年，收录于《教育性迷宫计划》一文中。德波在文中直接提到了 Kriegspiel 游戏的名称，并将其描述为象棋与扑克牌的结合。参见 Guy Debord, *Œuvres*（Paris：Gallimard, 2006），285。1965 年，勒内·维亚内（René Viénet）为游戏打造了一个原型产品，上面刻有"战争游戏 克劳维茨-德波"（Kriegspiel Clausewitz-Debord）。

棋子,玩家必须在棋盘上操控棋子来消灭敌人。但与象棋不同的是,玩家也必须保证横穿过棋盘的各个"通信线"畅通无阻,让所有的己方力量处于大本营的传输覆盖范围内。这些通信线是该游戏的特色;它们要求玩家制定相关的策略,并对游戏输赢至关重要。

德波对他的作品十分喜悦。"《战争游戏》带来的惊奇从未消失过,"他在自己后来的回忆录《颂词》中称,"我必须承认,它可能是我所有作品中唯一具有一点价值的东西。"[1]

在莱博维奇的帮助下,德波在 1977 年夏天生产出了四五个游戏的限量版产品。它包括一张 18 英寸×14.25 英寸的棋盘,以及用铜和银制作的棋子(图 23)。游戏成品由一位名为 M. 拉乌尔(M. Raoult)的巴黎艺术家制作。德波给予了他完全的信任,并将他称作"无畏的拉乌尔",对他的"彬彬有礼、理性做事,辨明手头工作何为关键的能力"十分仰慕。[2]

1978 年 6 月末,克服了健康方面的一些挫折后,德波最终写出了一份游戏的规则。"我不久就会把《战争游戏》的规则寄给你,"他在给莱博维奇的信中写道,"其中主要的一部分都以法律-几何学的语言风格写就,这没少让我头疼。"[3]正如他之前对战棋的批评中所言,德波也完全注意到了游戏的实质,即它们是两种元素的结合:"法律"元素,也就是法律与规则之域,以及"几何"元素,即数学排列与空间逻辑。这并不是他在电影中对奇观或叙事的介入,现在,这是一种在"法律-几何"算法层面上的介入。也就

---

1 Guy Debord, *Panégyrique*, vol. 1 (Paris: Gallimard, 1993), 70.

2 Debord, *Correspondance*, vol. 5, 426, and Debord *Correspondance*, vol. 6, 26 - 7.

3 Debord, *Correspondance*, vol. 5, 466.

是说，这一层面的介入受制于有限组合的规则，而当执行这些规则时，就可以得到一台模拟政治对抗的机器。

棋盘分为北方与南方两块领土，每块都有一个占据九格的山脉、一个山口、三座堡垒和两座军火库。另外，每方都有九支步兵、四支骑兵、两支炮兵（一支在山脚、一支在山上）以及两支传输部队（也分别在山脚和山上）。每个战斗单元都有一个攻击与防御系数，并且可以基于自身部队类型每次走一到两格。堡垒、军火库、山脉焊在棋盘上，所以无法移动。战斗与非战斗部队则是可机动的，所以可以在棋局开始之前以任意方式排布。

军火库以垂直、水平、对角线方向分布于通信线外。传输部队则在任何指向它们的通信线上进行传输。所有的部队必须与其自身的通信线直接相连，或者与己方有通信线的部队相邻。落单的部队会失去通信，继而无法移动。通信线作为无实体的存在，并不需要游戏元素去表征。相反，玩家必须通过想象来将它们投射至棋盘上。通信线本质上是覆盖在基础棋盘格上的网状图案——与象棋中的"骑士巡逻"类似——它可以帮助玩家决定棋子的位置和走法。游戏开始后，基于棋局和策略复杂的可能性，这些图案也一定会改变。

这款 1978 年由金属制成的游戏，因为实现了形式上的简化，并将游戏功能降为单一、抽象的图形，具有一种令人惊叹的现代主义风格。[1] 骑兵部队并没有模仿马的形状，而是六边形基座上

---

1 "在决定不同战斗部队在游戏中的抽象设计前，"档案学者洛朗斯·勒布拉 (Laurence Le Bras)写道，"德波想到了采用比喻式的设计。靠着这种想法，他买了一些玩具士兵，后者现在和他的档案一起存于（法国国家图书馆的）手稿部门。"Guy Debord, *Stratégie* (Paris：L'échappée, 2018)，20.

一个铁丝捆成的长铁钉；步兵则是固定在方形基座上的直立圆头钉。传输部队为了凸显其特性，配有一面垂直于侧边的鲜亮旗帜。炮兵的标志也同样简单：是一个水平放置的空管，代表这大炮的炮管。最具代表性的设计则留给了那些山脉和堡垒，这两者是唯二不与军队在位置上对齐的：山脉由庞大的金属块构成，上面精美地雕刻着微缩的裂隙与山峰；堡垒像故事书中耸立的胸墙一般，北方的为八角形，南方则为正方形。山口并没有任何代表自身的形状，它只是在山脉之间空出的空间而已。这些棋子不加任何装饰或额外的雕刻与颜色。它们的设计都极为朴素、正式，几近禁欲。

游戏按照回合制进行。玩家可以在每轮中走五步，并在移动后攻击一次敌方部队。攻击的判定规则是将敌方目标方格范围内的己方进攻力量相加，并减去相应方格内的防御力量。部队的进攻与防御力量将沿着一条垂直、水平或对角的直线而延伸。如果进攻力量小于或等于防御力量，那么部队可以抵抗。如果进攻力量大于或等于两个，部队则被摧毁。

每名玩家都需要靠自己的思维，在想象中建构通信线，而与之相似，游戏的核心机制也需要玩家进行大量的计算，这在多支部队同时进攻与防御时尤为如此。

玩家的胜利条件为如下之一：（A）消灭所有敌方战斗力量；（B）摧毁敌方的两个军火库。[1] 如果两方同意结束，即为平局。

---

[1] 虽然德波的规则未曾记录这一点，但我们可以推测，还存在另一个胜利的状态：当敌方两只传输部队被消灭时，所有敌方战斗部队将失去通信，玩家因此胜利。

德波强调了克劳维茨式战争中的对称性，却也同时将棋盘上的地貌设定为不对称的。这便体现出了德波在游戏设计中的天才之处。他的目的是通过不对称来达成平衡，因为这样游戏便不会流于可预测的策略与玩法。于是乎，虽然有些走法会稍占优势，但游戏中并不存在"最佳的"整体阵型。玩家在游戏中需要进行一系列妥协，并需要一直在"相互矛盾的必要之物"（contradictory necessities）之间做出裁决。[1] 在每次进攻时，己方的侧翼则会尤为脆弱。这种辩证法式的矛盾关系正是德波想要在此游戏中实现的。因此，棋盘上两个山脉的排布就是不对称的：北面的山脉横亘于东西两侧之间，虽然阻隔了横向运动，但也在顶部留下了一条崎岖的山口；南边的山脉则是一组阻碍向纵深推进的墙壁，使得任何渗入其领地的行动十分简单。而军火库的布置则更加重要。南面的两个军火库相隔甚远并靠近最下面的边线，而北面的则错开布置、靠近中部。这些设计则促生了两种迥异的玩法。南面玩家必须分散防御力量，要么就只能在牺牲一个军火库的情况下死守剩下的一个。而北面的玩家则可以充分利用地形优势，利用山脉的保护（其可以阻隔炮击）并从其西侧军火库范围内的山口获得防御加成。

1986 年，热拉尔·莱博维奇的去世让德波的出版事业大受打击。他则向莱博维奇的遗孀弗洛里安娜·莱博维奇提出了一项计划，希望将《战争游戏》商业化来减轻出版方的债务。德波写道，这只是生意上的事务，就像把大富翁游戏卖给别人一样。"或

1　Debord, *Correspondance*, vol. 5, 352.

者说,我对于《战争游戏》的战略意义,以及随后其经济价值的判断,是不是因为我的个人喜爱而有所偏颇呢? 我们走走看看吧。"[1]但虽然德波和莱博维奇一开始创立战略与历史游戏公司,就是围绕着这个游戏进行的,但我们不确定他们是不是真正想过要把游戏做得有商业价值。德波从来没有相信过凯斯勒,也就是他雇来帮助游戏制作的知识产权律师。"你提到'关于凯斯勒的那些怪事'之后,我很为你担心。"德波在 1985 年给弗洛里安娜去信道,"在世界上的所有人中,凯斯勒是最能骗我们的那一个。"[2]最终,游戏也没有在商业上取得什么特别巨大的成功。

虽然《战争游戏》最终被凝练为一种简单的本质,但德波认为,它以游戏的方式展现了所有重要的战争原则。但他也承认,他近乎完美的战争模拟缺了三样东西:气候条件与日夜更迭;部队士气的影响;以及地方部队精准方位与动向的不确定性。"话虽如此,"德波继续道,"可以肯定的是,(《战争游戏》)完全复刻了与战争相关的所有因素,并包括更广泛意义上所有冲突的辩证法。"[3]确实,德波对这个游戏可谓怀有雄心壮志。在提及"所有冲突的辩证法"时,他不仅回溯着 1968 年的力量与情境主义国际的日子,也朝前望去,看着游戏在将来训练、培养新一代激进分子的潜能。

---

1 Debord, *Correspondance*, vol. 6, 448 - 9.

2 Ibid., 306.

3 Alice Becker-Ho and Guy Debord, *Le Jeu de la Guerre: Relevé des positions successives de toutes les forces au cours d'une partie* (Paris: Gallimard, 2006), 151.

21

怀旧的算法？

德波的游戏可不只缺少气候条件。实际上，如果把《战争游戏》与德波的其他作品相互对照，一切便明显得让人吃惊了。情境主义时代的"漫游"（wandering）或"劫持"（hijacking）精神在游戏中并未出现。这里也没有推翻社会的机制，没有暂时自治区，没有工人委员会，没有乌托邦城市，没有欲望的虚构景观，没有铺路石，没有沙滩，只有在虚构世界里打虚构战争、居于网格之间的玩具士兵。

问题在这里便出现了：为什么德波其他的作品如此有实验性，这个游戏却相对缺乏冒险精神？媒介形式的分析可以对此做出解释吗？德波是不是在激进电影制作与批判性哲学中大放异彩，却在尝试游戏设计的时候再度沾染了中产阶级室内游戏中缺乏新意的习气？[1] 或者说，德波是不是在晚年完全丧失了激进主

1　麦肯齐·沃克(McKenzie Wark)将此游戏称为"德波的'退休计划'"。参见 McKenzie Wark, 50 *Years of Recuperation: The Situationist International 1957-2007* (Princeton，NJ：Princeton Architectural Press，2008)。（接下页）

义的热情，自己心里的黑格尔主义终于战胜了马克思主义？为什么游击队员在意大利策划刺杀的时候，德波却在法国摆弄玩具士兵呢？

莫罗被杀与德波的晚期作品存在联系吗？显然没有，那只不过是一场日期上的巧合。但正是这种不兼容性，凸显了作品内部的危机。为什么要选择一幅艺术作品，而不是一块铺路石？

可能有几种解释。不管不顾、脱离时代的德波早已因为在自己最厌恶的东西内部恣意纵横而被人熟知了。例如，德波采用电影的"反动"（reactionary）形式，就是要批判有些电影虽然有着一样的媒介形式，却自身堕为景观。而现在，他可能只是要创造出一个"反动的"游戏，在游戏内部引爆其自身的逻辑。如果是这样，德波可能只是在重演同样的特洛伊木马逻辑，而这种事情他已经做过很多次了。

另外一种可能是，德波也可能完全没有希望让这个游戏成为一种理论创见，所以这款游戏也不能被当作理论来评估；这个游戏的存在只是为了训练激进分子来进行基本的战略思考。所以，如果在德波看来，**任何战术训练都可以帮助受训者开启激进的意识**，那么《战争游戏》到底是强调了克劳维茨（而不是孙子），还是

（接上页）汤姆·麦克多诺（Tom McDonough）也在评价德波的成熟作品时说了相似的话："可以说，德波出身于这个阶级（小资产阶级），并在生命的末期回到了这里。"麦克多诺认为，晚年的德波"沉浸于一种规范性（如果不是过时的规范性的话）自我概念的展开和沉淀。"参见 Tom McDonough, "Guy Debord, or The Revolutionary Without a Halo," *October* 115 (Winter 2006)：42，40。

拿破仑时代战争的遗产（而不是巴黎街头暴动），其中的真相便不再重要了。

德波承认，这款游戏与一个历史时代有着紧密的联系。他解释道，"它并不代表古代的战争，不是封建时代，也不是 19 世纪中叶后被技术（铁路、机枪、摩托化、飞机、导弹）变革的现代战争"[1]。相反，这款游戏中的战争发生于 1850 年前的现代前期或中期。他将 18 世纪的"经典平衡"（classic equilibrium）作为模板，这种战争模式的最佳范例是"七年战争"：对等、有序、专业化军队、珍惜人员、重视物资补给。[2] 因此，《战争游戏》**确实**是有明确的历史时期的，但这个历史时期早已过去了百年之久，也未曾与德波的生命重叠。或者就像菲利普·索莱尔斯后来打趣时所说的，德波对 20 世纪并不感冒。

德波在比较他的游戏与象棋时，又强调了具体历史时空的问题。他把象棋完全置于法国意义上有国王和军队法令的"传统"时代，而《战争游戏》则属于拥有系统、后勤路线、通信线的时期。象棋中，"国王永远不能处于被将军的状态"，但《战争游戏》则要求"必须时刻保持通信"。[3] 德波的规则要求，棋盘上所有棋子都必须与通信线有联系，要么就会面临被摧毁的风险。

在象棋中，棋子的空间联系确实最为重要，而其中"骑士巡逻"（knight's tour）走法便是图案与重新组合方式的经典展现。德波在保留这些空间关系的基础上又将其放大，将空间关系直接

1　Becker-Ho and Debord, *Le Jeu de la Guerre*, 149.

2　参见 Debord, Correspondance, vol. 5, 351。

3　Becker-Ho and Debord, *Le Jeu de la Guerre*, 165 - 6.

缝合进了游戏。《战争游戏》中的"联系"并不只是简简单单对部队可能移动路径的投射，而是一个补充性的图层，后者可以将各个棋子与大本营相关联。象棋中的国王必须由阵营中的手下加以保护。但德波的军火库则是覆盖广泛的节点；它们也必须被保护，但更重要的是，它们要作为通信向外辐射的始发点。象棋在迫近敌方国王的途中设置了一系列挑战——麾下的部队，以及一个奖品——但《战争游戏》自身便是一个去中心化的空间，战争所用的资源排成长列，把它们串在一起的则是内部相互联结的组织。"这场'战争'可以在通信的平面上开展，也可以在可拓展的空间平面上进行。"麦肯齐·沃克在评论《战争游戏》时说道。[1] 简言之，德波的游戏有点像在"与网络下棋"。

因此，游戏中的通信线便像一则寓言，即使它让人想起拿破仑时代的后勤线，它实则预测着 20 世纪 70 年代兴起的信息社会。德波的游戏不仅在怀念一个已逝历史的时代，但也在期许着黎明中的新时代。

象棋需要密集的战略部署，但对德波而言，它还是太无聊了。《战争游戏》"与象棋的精神完全不同"，他坚称，"我实际上想模仿的是扑克牌。只不过少一些扑克牌里面的随机性，多一些战争中的烈度"。[2]

最终，德波之所以对《战争游戏》十分入迷，并不是因为其想

1　Wark, *50 Years of Recuperation*.

2　Becker-Ho and Debord, *Le Jeu de la Guerre*，166. 确实，《战争游戏》并没有给运气成分留出位置；硬币抛掷决定谁为先手之后，之后的游戏便不需要骰子。

对历史或者技术提出哲学或理论的观点。他认为，理论是一种次等的形式，受制于变动的时潮。而德波也正是出于这个原因而倾心战争。对德波而言，"战争"代表着"不是理论"，就像在拿破仑眼中战争代表着"不是意识形态"一样。[1] 德波认为，战争在对事物的执行中得到证明。战争由内心而缘起，源自明智与基于实践的经验主义。战争是绝对的反面。战争就是**偶然性**（contingency）——而这个特殊的词对于 20 世纪晚期的进步运动尤为珍贵。

"我不是哲学家，"德波对吉奥乔·阿甘本坦白，"我是个战略家。"[2] 或如他在自己最后的一部、与游戏同期制作的电影《我们一起游荡在夜的黑暗中，然后被烈火吞噬》（*In girum imus nocte et consumimurigni*）中所称："没有任何重要的时代是始于理论的。它们最初都是一场游戏、一次斗争、一段旅程。"[3]

德波盗取了好莱坞史诗级会战的影像，并放进了自己的电影中。其中他采样的一部电影便是迈克尔·柯蒂兹 1936 年的《轻骑兵冲锋》（*The Charge of the Light Brigade*），改编自丁尼生的

1　此处，拿破仑回应的是 1796 年德斯蒂·德·特拉西（Destutt de Tracy）创造出来的"意识形态"一词。拿破仑对此不屑一顾，并认为意识形态是一种"弥漫各处的形而上学"，应该为"降临我们美丽法国的所有不幸"负责。这些引述引自 Raymond Williams, *Keywords: A Vocabulary of Culture and Society* (New York: Oxford University Press, 1976), 154。原书并未指明出处。

2　引自 Giorgio Agamben, "Repetition and Stoppage—Debord in the Field of Cinema," in *In Girum Imus Nocte et Consumimur Igni—The Situationist International (1957 - 1972)*, ed. Stefan Zweifel et al. (Zurich: JRP Ringier, 2006), 36。

3　Debord, *In girum imus nocte et consumimur igni*, 26.

同名诗作。全诗为 1854 年克里米亚战争中英国骑兵耻名远扬、惨烈的战败蒙上了神秘的色彩。而绑架这一马背上的史诗故事，并将其与《战争游戏》的影像拼接于一处，这到底想表达什么？德波后来的文字中只保留了一丝讽刺："《轻骑兵冲锋》有一种十分过量而充满溢美华彩的风格，它或许是过去十余年情境主义国际介入运动的'表征'！"[1] 在《战争游戏》中，这种"表征"占据了中心位置，表现为棋盘上的骑兵。他们因高速行进与进行"冲锋"的特殊能力，是棋盘上最强力的部队，集中一处则可造成 28 点攻击伤害。德波也因此得以重访其在过去介入运动中的那种英雄丰碑，即使这需要游戏环境的中介，而英雄丰碑也早已渐入沉寂。"情境主义国际就像是放射性物质一样，"德波在给其意大利语译者的一封信中笑称，"大家都对其避而不谈，但几乎在所有地方都能找到它的踪迹。它很久都不会消去。"[2]

　　但时间之弧非扭即转。20 世纪 60 年代风行一时的反叛运动，最终幻化为战斗系数和胜-负百分比。在巴黎街头上演的一切，最终则成为一套游戏算法。

1　Debord, "Note sur l'emploi des films volés," *In girum imus nocte et consumimur igni*, 66.

2　Debord, *Correspondance*, vol. 6, 45 – 6.

22
关于数据的一些问题

艾丽斯·贝克尔-霍与居伊·德波的《战争游戏：游戏中全部队位置变动的记录》(*Le Jeu de la Guerre: Relevé des positions successives de toutes les forces au cours d'une partie*)首次出版于1987年，它的不寻常之处不仅仅在于格式本身。[1] 如副标题所示，全书记录了夫妻二人整场游戏的全程，并包括了每步棋后的棋子分布图。从开棋第一步到最终结束，两方都顺着游戏的进程对每一步给出了注释，并记录下了自己的策略。

而最不寻常的一点则在于，这本1987年的书是对失败的一种反思。在55轮后，南面一方向北面投降，游戏结束。但谁是南面？谁输掉了游戏？艾丽斯还是居伊？不幸的是，书中没有指明

1　该书第一版为 Alice Becker-Ho and Guy Debord，*Le Jeu de la Guerre: Relevé des positions successives de toutes les forces au cours d'une partie* (Paris：Éditions Gérard Lebovici，1987)，后由伽利玛出版社于2006年再版，并译为英语，Alice Becker-Ho and Guy Debord，*A Game of War*，trans. Donald Nicholson-Smith (London：Atlas，2007)。

南北两面的对应玩家。但我们或许可以肯定地说,德波是南面。
他是最后被消灭的一方。

要解释其中的原因,我必须讨论一个相当微妙的话题:在
1987 年的原书中存在一些错误,而这些错误在 2006 年法国重印
版中也大部分保留了下来,2007 年的英译本中也是如此。[1] 除了
一些微小的作图错误,书中包含着一个明显的违规走法,以及另
外五个虽然轻微,但按照规则的正确解释同样违规的棋步。[2]

在南北两方轮流走棋时,双方的顺序分别标为 1、1'、2、2'、3、
3',以此类推。第一个违规走法为 9',南面的步兵部队走了两格,

---

1 除了游戏记录中的问题,现存两个游戏规则的英译本——唐纳德·尼科尔
森-史密斯(Donald Nicholson-Smith)在阿特拉斯出版社的译本以及莱恩·
布拉肯(Len Bracken)在德波传记最后的附上的、稍显逊色的译本——都有
一些说错的细节。虽然德波表明,冲锋是与敌方直接毗邻、任意数量的骑
兵发起的肩并肩直线进攻。尼科尔森写的是不少于"全部四支"骑兵,而布
拉肯则允许骑兵彼此间隔。布拉肯也误解了战斗的机制,并称在消减敌方
后,"完成消减的己方必须占据敌方空出来的方格"。德波的表达与之相
反,也就是说,占据空格并非必须,也完全不可能,因为游戏中的移动和进
攻方式是在更广泛的层面上进行的。布拉肯还颠倒了另一项规则,他称传
输部队可以通过占领军火库而摧毁它们(他们实则不行)。参见 Len Brack-
en, *Guy Debord: Revolutionary* (Venice, CA: Feral House, 1997), 240 -
49;以及 Becker-Ho and Debord, *A Game of War*, 11 - 26。我在此感谢艾
莉森·帕里什(Allison Parrish)率先发现了其中的不对应之处。事实上,经
德波坦承,1987 年的版本在不同的位置有五处摆放错误。许多的错误是读
者指出来的,而其中一个在 1987 年 3 月 9 日的信中有提及。参见 Debord,
Correspondance, vol. 6, 458 - 9。

2 我在此衷心感谢斯蒂芬·凯利(StephenKelly)与杰夫·盖布(JeffGeib),是
他们先向我指出了一些错误,并且帮助我梳理了错误出现在书中的方式。
关于这些错误的更细致的描述,参见 r-s-g.org/kriegspiel/errata.php。

移动至 I117,但步兵按规则只能一次移动一格。另外五个违规走法如下:14'中的 K15 步兵、17'的 L12 骑兵、35'的 I9 步兵、36'的 J10 步兵以及 46'的 J14 步兵。在这五次中,相应的部队都已经脱离了己方的通信线,而如果要严格遵循规则的话,失去通信的棋子是无法移动的。

另外两个细节也有助于解开谜团。首先,所有错误都是南面玩家一个人犯的;而北面没有任何违规行为。其次,(几乎)所有错误都在书的多轮撰写和编辑过程中未被纠正:两人一开始的对局;他们对游戏的记录和注释;以及 1987 年和 2006 年对再版的审编(还有 2007 年的英译本)。但在这一切过程之后,书中每八轮还是会出现一个错误。为什么审读了这么多轮,还是会出现如此多的错误呢? 这种盲视的背后是什么?

确实,这是个微妙的话题。这些错误意味着什么? 为什么有这么多? 这当然不是说德波和贝克尔-霍排除不了书中的错误。所有的出版物里都会有错误。重点在于,比起发现文学作品中字打错了、词拼错了、有个小语法错误,这些错误构成了一种不同的"证据"。后者本质上与正字学,甚至普通的句法学并不相关,它们是**算法的**。也就是说,这些错误与相对局部的正确写作无关——拼错的词便是与正确书写相关的一个范例——而是关于如何正确执行规则下的行动。因此,这些错误不是写错的字。它们更像是系统的小故障,或者甚至是作弊手段。这无疑是在无意中,甚至也是在无意识中被执行的。

让我总结一下:首先,游戏中出现了一些不算微小的错误;同时,我们做出设想,德波是南面一方。这两件事是如何互相关联的？德波是既作弊又输了游戏,还是赢得光明磊落呢?

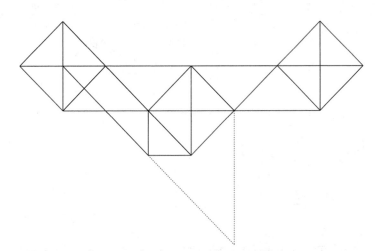

图 24　居伊·德波的《战争游戏》中,南面玩家战斗关系的图示,"第 22 轮"

来源:艾丽斯·贝克尔-霍与居伊·德波,《战争游戏》,伦敦:阿特拉斯出版社,2007 年,第 83 页

在了解记录中的错误后,有些人可能会认为德波是北面一方,自始至终没有违规并赢得了游戏。他们的理由是,德波自 50 年代中期便设计、玩过这个游戏(或者它的某种形式),所以他对游戏的谙熟不会让他在游戏里有任何违规。因此,德波便理应代表北面,而贝克尔-霍则是南面。

虽然这个理由有些道理,但于我而言,另一种说法则更有说服力一些。后者不依赖心理学上的论证——德波做了什么、没做什么,想做什么、不想做什么——我们则要把注意力转移到一个结构的,实际也就是一种算法的逻辑上来。我们不看他们怎么来玩游戏,而是去探寻游戏怎么来玩他们。

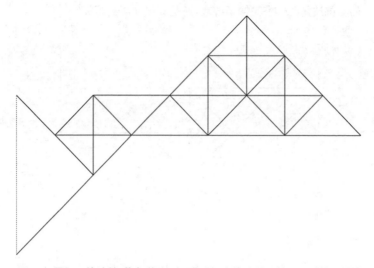

图 25 居伊·德波的《战争游戏》中，南面玩家战斗关系的图示，"第 44 轮"

来源：艾丽斯·贝克尔－霍与居伊·德波，《战争游戏》，伦敦：阿特拉斯出版社，2007 年，第 127 页

正确执行规则的影响永远不是局部的，它引发的间接后果只有在游戏开展之后才变得可见。相比于传统文本中的错误，算法文本中的错误则处于完全不同的秩序层级。因此，在这场著名的游戏中，其中的错误并不是引着我们误入歧途的诱饵，它反而预示着真正发生之事。让我们把思维的风格放在一边，去探索一种代码的风格。让我们看看在代码与结构美学的层级上，这个游戏到底如何。

23

晶体美学

在算法美学中，优化的概念尤为重要。任何基于规则的系统都会存在一个最优状态，那时系统中的结构将得到最大程度的利用。优化系统便是要增加效率、消除冗余、撬动优势。

在德波的《战争游戏》中，部队的最优阵型均为晶体形，如格状、梯状、X阵型、十字阵型、翼状阵型（图24、图25）。其原因也十分明显。游戏的规则是一种算法，它们定义了特定的状态与行动种类。具体而言，这些规则定义了例如进攻与防守系数，以及这些系数在棋局双方之间的可交换性（commutativity）。由于进攻与防御沿直线展开，有主干和横梁结构的阵型往往在游戏中更具优势。这也就催生了晶格、梯形、十字等阵型。这些结构可以统称为"晶体"，因为它们的架构方式很像结晶盐：由标准形状的简单方格向外重复、延伸、叠加为整体的物质。晶体媒介始于局部的微小结构——例如一个正方形或一个X阵型——然后经过多次重复，最终生成一个高韧性、有形的网格。

当然，算法并不需要优化。在艺术史学家罗莎琳德·克劳斯眼中，网格结构是"精神分裂的"，因为它们同时在做向心和离心运动，在向外延展的同时又将自身收敛起来、不断重复。[1] 克劳斯称，网格是"艺术脱离自然后的样子"，并暗示着一种结构上的过度。[2] 不管是有意为之还是设定如此，这种结构形式总是停留在未被优化的状态。但如果遵从系统的规则，并亦步亦趋的话，这些规则便会透过结构发出光亮，变得可见起来。如果玩家完全感受到了游戏的规则，他们便懂得在何处实现规则利用的最大化。如果玩家很想赢，他们会尽可能采用最优方式来利用规则。在《战争游戏》中，这些玩家更倾向于成为晶体式的玩家，他们以方格、十字、梯形、翼状的晶体美学展开游戏。

理解这些之后，我们便可以基于晶体化的程度（也就是他们怎样优化玩法）来创建每个玩家的个人资料。最后的结果很明显：南面十分依赖格状、X阵型、十字形，以及其他各种晶体结构；北面则在记录中找不到这些阵型排布。（在书中的"解释图"中也是如此，而这一部分是德波而非贝克尔·霍所著；虽然本部分的目的是提供解释，但南面的玩家仍然是其中的主角。）换言之，每位玩家都会留下自身独特玩法的标记，而这些标记便可以用来搭建他们的个人资料。

南面一方输掉了棋局，但南面却更加晶体化。假设贝克尔-

1　Rosalind Krauss, *The Originality of the Avant-Garde and Other Modernist Myths* (Cambridge, MA: MIT Press, 1985), 18.

2　Ibid., 9.关于网格在地图绘制中的讨论，也可参见 Svetlana Alpers, *The Art of Describing: Dutch Art in the Seventeenth Century* (Chicago: University of Chicago Press: 1983), 138。

霍是北面一方,那她确实在书中记录的比赛上技高一筹。但作为游戏的设计者,德波在多年的测试与规则制定后无疑对游戏有着更具结构性和深切的理解,就像建筑师了解他设计的大楼一样。她最后赢了,但他才是晶体化的玩家。德波正是南面一方。

当我们对比情境主义作品中无结构、蜿蜒盘旋、拓扑式的形状时,游戏中高度结构化、晶体化的形状便更加有趣了。例如,德波 20 世纪 50 年代后期的著名地图《赤裸城市》(The Naked City)便属前者。而在几年之后,他抛却了原来的风格,从流动转向坚固,从游移转向结构。[1]

但为什么这位晶体化的玩家,既然如此喜爱最优的部队阵型,却来回犯了这么多小错误(按照顺序分别为 14'、17'、35'、36'、46')呢? 若要解答,则须了解算法知识运作的方式。实际上,一个玩家是有可能既善于掌握形成阵型、依照秩序行动这类低层级知识,却又同时无法完成更浅表的操作的。即使是那些知识上信手拈来的哲学家,也会不经意地写错字;同理,最擅长编程的程序员也会不经意地写出程序错误。大部分程序员都培养出了算法上的知识,但有些对机器来讲能轻易识别的程序错误,连最娴熟的程序员也很难发现。德波是一个晶体机器,他在程序员的层面,也就是玩家的层面上娴熟无比。但就像我们所有人一样,德波在现实层面完全有可能犯错误。

---

1 尹昭泳(音译)(Soyoung Yoon)曾分析过德波的几何学与"**漂移**的时空连续统",见于其文章"Cinema Against the Permanent Curfew of Geometry: Guy Debord's *Sur le passage de quelques personnes à travers une assez courte unité de temps* (1959)," *Grey Room* 52 (Summer 2013): 38 - 61。

最终，14'、17'、35'、36'、46'的错误更像是一种诱饵。当我们审视一个游戏的信息时，比起揪心于技术上的小错误，我们更需要关注低层级的算法技能，例如怎样利用游戏规则实现最佳的游戏结果。

所以德波扮演的就是南面一方。他最终输掉了游戏。但他输掉的并不只是游戏。更糟糕的是，他放弃了抵抗，并严肃地讲着拥有更高战略知识与计划能力的必要性，权当作一种对自己的鞭笞。下面记录了南面投降时，比赛的最后一条注释：

> 南面停止了敌对行动。现在便轮到他来反思战斗的指挥了。他要回想那些亘古不变的战争理论，以理解战局的微妙线索、各种假设，或许以及他在指挥中任何相关而可辨认的精神特质：是这些帮助北面取得了这次的胜利。[1]

那些相关的精神特质是什么？他疯了吗？令人好奇的是：德波是不是没有真正赢得过什么东西，还是说整个历史——情境主义国际与一切其他的历史——永远都会并只能走向这一结局？首先是电影与哲学，现在则终于轮到了中产阶级的室内游戏。

1　Becker-Ho and Debord, *Le Jeu de la Guerre*, 127.

一

自马克思对交换价值与异化发出控诉以来，进步运动就一直对抽象与优化抱有怀疑。而德波的游戏背后潜藏着类似的焦虑。优化的好处何在？或者说，模拟与建模是否也应成为批判的对象？非物质存在、精神，或逻各斯并不一定是进步政治运动的反面。但对于那些深受物质现实迭变之害的人而言，理性的观念论所构建的恢宏殿堂对他们而言一直是一种阻隔。虽然左派已饱受抽象之苦，但他们也在追寻一种乌托邦式创造力与发明，而德波也是他们中的一员。这种张力在历史中引发了许多辩论：传统主义与变革、实证主义与辩证法，或者社会科学与"理论"。

进步主义的艺术运动往往虎头蛇尾。德波在 1978 年情境主义之死与电影之"终结"时曾说："先锋主义者只有一次机会（avant-gardes have but one time）。"[1]

人们在面对左派文化生产时大体也会给出相似的评价：（1）左派在此地与此时永远是真实的，他们永远受制于自身遭受的痛苦；但是（2）他们永远会在最后被击败，即便他们最后被证明是正确的。这就是为什么德波可以同时占据斗争与乌托邦的两种状态。这也给予了我们一个窗口，一窥德波晚年为何不投身街头反叛，而痴迷于将对敌欲望升华为抽象算法。过去并不永远是荣光的，而未来也并不永远是一尘不染。恰恰相反，过去与未来的内

1　Debord，*In girum imus nocte et consumimur igni*，47.

部都交叠着压迫与解放的斑驳瞬间。对左派而言，"历史性的当下"是通过斗争、牺牲等赤裸现实而赢得直接之正义的时刻。历史性的当下永远是**真实的**，并且也是**血腥的**。但未来与乌托邦想象，则是从最深刻的非正义模型中幻化而出的彻底解放时刻。这便意味着，乌托邦永远是**错误的**，但也永远是**自由的**。

第六部分　黑箱

24

密码黑箱

黑格尔的复兴，在最近几年所有的复兴现象中，是最令人震惊的。当然，对于那些参与黑格尔复兴运动的人来说，这种震惊显然不存在。今日，各种黑格尔主义大行其道：从凯瑟琳·马拉布对辩证可塑性（dialectical plasticity）的详尽重构，到斯拉沃热·齐泽克将"确定性否定"（determinate negation）与"全然他者"（wholly other）做必然捆绑（这种绑定也催生出了无产阶级力量的恐怖一面）。或者看一看阿兰·巴迪欧（Alain Badiou）的黑格尔主义，他将一切置于作为纯粹形式的存在之上，而存在只有在事件中实现自身，这与现状的状态完全分离。

而只有黑格尔的辩证法（而非马克思的辩证法），能够如此清晰地溯回其起源。这也暗示着，扬弃（Aufhebung）在整体上永远是一种幽灵化（spectralization）而非一种中介（mediation）。黑格尔辩证法中的终极真理是精神，而非否定、生成，或任何有用而机械的存在。因此，否定在综合（synthesis）的过程中是被**撤销**（revoked）了，而非被解决了。这或许是解读当下知识界的一种方式：太多被撤销的唯物主义，太多惧于各种物质的概念。

所以，问题再度浮现，而且永远是"再度"浮现：辩证法是一种中介吗？还是说辩证法展示了某种中介的绝对不可能性？否定、模糊是一种什么状态？存在中鲜被辩证法式的生成吸纳，或者甚至被有意排除的黑暗角落又为何状态？

堤昆有关辩证法假说的文章，其有趣之处并不在于对 20 世纪晚期的描述，或是对当下日渐普遍的控制论社会的描述。这篇文章的价值在于，作者在其中描述了政治上对这一假说正确的应对方式。他们谈及了焦虑、噪音、干扰。他们提出了对肥大（hypertrophy）与重复的反抗策略。他们恳求自己的同志们"执行**其他**协议"（to execute other protocols）。[1]

但在他们给出的答案中，经常有一种策略上的蒙昧主义（obscurantism），也就是他们笔下的"隐形"反抗。"隐形是因为，它在帝国主义系统的眼中是不可预测的。"他们在称颂雾与霾时写道："**烟霾是反抗的优等载体……烟霾让反抗得以可能。**"[2]

为了增加不透明度、对干扰进行分支，堤昆提出了两种技法：

> 所有形式的干扰都以两种姿态展开：外部与内部的逃
> 逸线、破坏与撤离、寻找斗争形式并假定生活形式。而从

1　Tiqqun, "L'Hypothèse cybernétique," *Tiqqun* 2（2001）：69, emphasis added.

2　Ibid., 73, 80. 也可参见堤昆的"人类罢工"（human strike）概念，特别是 "Comment faire?," *Tiqqun* 2（2001）：278 - 85。

现在起,革命的问题则是要将这两种时刻合并为一。[1]

首先要创造一个短的电路,然后拔掉插销。再之后,在接续发生的干扰下,堤昆探寻着他们笔下的"分支点"(branch point),也就是"可能构成系统新状态的关键门槛"。[2]

在共同作用下,这便创造出了堤昆所称的"相遇"(the encounter):"相遇可寻于语言之下,词汇之上,在非言(non-said)的处女地上,在悬置的层级上。它是世界的力量,也是其否定,是其'不成为的力量'(power-not-to-be)。"[3]

隐形并不是政治理论中的什么新颖概念。但堤昆的文章中的隐形十分特别,并且这一概念已经开始在控制论界弥散开来。之后他们则表示,这种隐形、黑暗,并不只是控制论的后果,而实际上是其必要的前提。

黑箱,一种不透明的技术装置,人们只能够知道其输入和输出;黑群(black bloc),一种与左翼直接行动派联系在一起的匿名化与集结策略——不知为何却在 20 世纪的尾声彼此结合。其背后是否有某种原因?

—

关上你的笔记本电脑,你看到的是什么? 一个光滑而不透明

1　Tiqqun, "L'Hypothèse cybernétique," 74.

2　Ibid., 72.

3　Ibid., 78.

的外壳，其内掩藏的则是一个复杂的电子机器。合上屏幕之后，就没有什么可以用来互动的了。拿起来，再放下，除了这个干不了什么别的。

　　你再打开它时，情况便回归了原状。现在这个向里凹的平面便一改不透明与光滑的质感，而是有着各种按键与插孔、扬声器与屏幕、框格与窗口、划动块与目录。展开后，电脑上的框格迫切地等待着点击，它存在的意义便是被操控，被用作界面。[1]

　　黑箱的种类有很多。[2] 其中的一种是将黑箱作为**密码**，另一种将黑箱作为**功能**。盖子关上以后，笔记本电脑便是密码黑箱，开启后，它则是功能黑箱。

　　密码黑箱在现代性中十分常见。马克思则在《资本论》第一

1　关于技术界面的设计，可特别参见 Branden Hookway, *Interface* (Cambridge, MA：MIT Press, 2014).关于感知性界面的使用，参见 Jennifer Gabrys, *Program Earth：Environmental Sensing Technology and the Making of a Computational Planet* (Minneapolis：University of Minnesota Press, 2016)。

2　在有关黑箱的诸多研究中，可着重参见布鲁诺·拉图尔(Bruno Latour)的 *Pandora's Hope：Essays on the Reality of Science Studies* (Cambridge, MA：Harvard University Press, 1999)和 *Science in Action：How to Follow Scientists and Engineers Through Society* (Cambridge, MA：Harvard University Press, 1988)；Langdon Winner, "Upon Opening the Black Box and Finding It Empty：Social Constructivism and the Philosophy of Technology," *Science, Technology, & Human Values* 18, no. 3 (Summer 1993)：362‑78；以及 Christopher Kelty, "Opening the Brown Box：Networks, Science and Infrastructure," in *Feelings Are Always Local*, ed. Joke Brower et al. (Rotterdam：V2_Publishing/NAi Publishers, 2004), 82‑103。

卷中讲得十分清楚，他在描述商品时，认为其既有一个"理性的内核"，又有一个"神秘的外壳"。商品因此便属于某种密码，是从外部无法透视的存在。商品从不对外宣称其生产的历史，它需要被解码、揭示或启明。根据萨拉·科夫曼的研究，商品遵循了一种视觉性的逻辑——什么可见，什么不可见——以及在马克思批判中确实一直十分重要的暗箱（camera obscura）隐喻，后者有关于阴影内与透过阴影的感知。[1]

这一逻辑在马克思的著作中频繁出现。它成为马克思的得力工具，能够随意携带、随时使用。因此，虽然商品是个密码黑箱，但价值、交换与生产的关系，以及阶级关系和各种概念，都属于密码黑箱。那么便仔细看看这个密码，开始解码吧。这就是"理性的内核、神秘的外壳"之逻辑的最纯粹形态。在未被人触碰时，世界的现象便是许多密码与神秘的黑箱，它们等待着解码，以揭露居于其中的（历史、整体性的）理性。

如莱布尼茨的单子一般，密码黑箱"没有窗口"。密码是一个被藏匿的节点，无法从外部建立连接。再回想一下那个关上的笔记本电脑。它的操作系统在休眠中，但还不止如此，纵使机器本身没有消失，它的网络接口和界面按钮其实也不在活跃状态。而它的外壳只是一个设计好的龟壳，让外面的进不来，里面的出不去。

准确来说，这就是商品的特质，但这也是符号、景观，以及其他所有模拟商品逻辑的文化现象的特质。内部的特性才是一切；

---

1 科夫曼将此称为"透视主义的知识"（perspectivist knowledge）。参见 Sarah Kofman, *Camera Obscura: Of Ideology*, trans. Will Straw (Cornell, NY: Cornell University Press, 1998), 49。

而界面是指一个安慰人用的诱饵，后者只是给需要安抚的人类加上的花饰。

最近，密码的逻辑逐渐成为批判本身的同义词，因为任何东西都在模仿着商品的逻辑。因此，它们催生着各种祛魅、去自然化，或者揭露行为。当居伊·德波的《景观社会》批判图像时，它的批判建立在图像是密码的前提上。图像当然可以被购买或销售，但这并不是让它们与商品类似的原因，或者至少不是唯一原因。对于德波而言，图像之所以是商品，是因为其内部结构的特殊组织形式，它复杂的排布不仅需要表征与"表现之形式"（forms of appearance），也同时需要掩藏与混淆，而后两词则是前两词的一种特别的同义词。

马克思在《资本论》伊始分析了商品的形式。但纵使是马克思的宏大祛魅，其自身也是一种混淆，只能作为对后续讨论的一则序言。不管商品能被祛魅或批判几何，专注于商品的形式终究会分散人的注意力。马克思提醒他的读者，问题的核心，并不在于物的密码，而在工厂之中。抛弃物，涉入更重要的黑箱吧，那便是"隐蔽的生产场所"：

> 因此，让我们同货币占有者和劳动占有者一道，离开这个嘈杂的、表面的、有目共睹的领域，跟随他们两人进入门上挂着"非公莫入"牌子的隐蔽的生产场所吧。[1]

1　Karl Marx, *Capital*, vol. 1 (New York: Penguin, 1976), 279 - 80. 译文引自《马克思恩格斯全集》（第四十二卷），北京：人民出版社，2016年，第165页。——译者注

因此，《资本论》的开篇成为马克思对所有仍坚信商品与市场是资本主义之关键的经济学家，所做的让步。马克思清楚，真相存在于他处，也就是生产之中。

马克思的脑海中想象的是门槛，是通往工厂的铁门。但他也想象着另一种门槛，也就是被辩证法冲破的认知门槛。在此意义上，开篇对商品的分析是他留下的一种辩证法的踪迹，而留下此踪迹则是为了促发后文中自身的否定。

换言之，历史在变动，而批判工具也将随历史而改变。新世纪的计算机与马克思时代的机械工具和机器并不太相同。与此类似，劳动也随历史而大为改变，并导致了物之结构和状态的变化。作为一种资本主义的机器，计算机买卖的不是耐用的商品，而是符号与信息。计算机总是在对事物进行祛魅，并与此同时将其混淆。就好像计算机吸收了密码黑箱的逻辑，并将其重组为新的形式。

因此，马克思"隐秘的生产场所"只讲了故事的一半。虽然它是几十年来的金科玉律，但马克思的故事需要续上新的一章。今日的生产场所是有着新需求、新系统、新商品、新工人的新场所。因此，如果要重构马克思的生产场所，可能便是如下一番景象：

> 让我们同这个嘈杂的、表面的、有目共睹的领域重新连接起来，因为这就是生产的平面（plane of production）。它的门槛上已经刻满了百万条新经济的口号："做你觉得正确的事""伸出手来，触摸别人""玩得尽兴""别做恶人"。

在一系列闪亮的窗口与按钮加持之下，单子便不再是单子了。它仍旧是原来的那个密码，但现在又有了自己的界面。试想一个网络接口，或者一个应用程序界面，或者计算机语言中公式的计算方式。这些技术之间的通约之律便是：接入请求理应得到准许，但必须经过选择，并且遵循特定行为与表达的语法。现今，黑箱可以与周围的物体构建连接，但它与外部的连接性仍受到严格管控。它仍然是一个被遮掩的节点，只不过现在包裹着符号的皮肤而已。

马克思一开始的命令，是通过解码黑箱而阐释其身。今天，需要做的则稍显不同：给黑箱编好程序，让它拥有功能。而一开始的密码黑箱则已经进化，成为功能黑箱。

25

功能黑箱

虽然"黑箱"一词在概念上可追溯至马克思与 19 世纪,但要等到 20 世纪 40 年代,"黑箱"才经由军事技术的俗语真正进入了人们的话语。媒介史学家菲利普·冯·希尔格斯撰写过有关"二战"中不列颠战役的研究,并特别研究了蒂泽德代表团(Tizard Mission),后者作为一次紧急外交出访,将英国的敏感科技运出了本土,并一路护送至相对安全的美国。1940 年 9 月 12 日,蒂泽德代表团抵达华盛顿特区,重要物品则被装在一个黑色金属箱中,而英国希望美国科学家可以帮助其盟友发展新科技,以助战争事宜。[1] 黑箱内装着另一个黑箱,也就是磁控管(magnetron),它可以发射微波并可被用于雷达设备。彼时,人们刚刚将磁控管透明的玻璃外壳改为不透光,也就是"黑色"的铜制外壳。

黑箱的出现则源于战争期间科学家们遇到的一个战术问题。

---

1 Philipp von Hilgers, "Ursprünge der Black Box," in *Rekursionen: Von Faltungen des Wissens*, ed. Philipp von Hilgers and Ana Ofak (Berlin: Fink, 2009): 127 – 45.

沃伦·麦卡洛克描述了诺伯特·维纳、洛伦特·德·诺、瓦尔特·皮茨等人在 1943 年或 1944 年冬季普林斯顿参加的一场会议，其中有一个瞬间：

> 有人让洛伦特·德·诺和我，两位生理学家，去设想两个假想中的黑箱。它们是盟军从德国人手里拿到的战利品，我们要去考虑的是其中的**第二个**。没人知道它们是做什么用、怎么用的。第一个箱子被人打开后就爆炸了。箱子上标着输入和输出。问我们时，问题的措辞很令人难忘："这是一台敌人的机器。你总要弄明白它是干什么用的，以及怎么用它。那我们该怎么办呢？"[1]

两个箱子中的**第二个**？第一个爆炸了，那第二个最好要确保完好无损，要不然也会和前面那个一样爆炸。但怎么样在不打开它的情况下研究箱子呢？

> 等到问题的边界被明确时，诺伯特（维纳）已经鼾声大作，烟蒂接连着自己的肚子上落去。但洛伦特和我

1　Warren McCulloch, "Recollections of the Many Sources of Cybernetics," *ASC Forum* 6, no. 2［Summer 1974 (1969)］: 12. 有关对麦卡洛克的评解，参见 Leif Weatherby, "Digital Metaphysics: The Cybernetic Idealism of Warren McCulloch," *Hedgehog Review* 20, no. 1 (Spring 2018), hedgehogreview.com。

试着做出回答时,诺伯特却突然起身说道:"你们完全可以把所有正弦波的频率一个个输入进去,再把输出记下来。但更好的方法是输入噪音——比如说白噪音——你们可以把它称作罗夏测验。"我还没有来得及质疑罗夏测验的概念,许多工程师便吵了起来。而那时,我却第一次看到约翰·冯·诺依曼的眼睛亮了一下。我之前没见过他,也不知道他是谁。他一下就读懂了我是什么意思。他很清楚,对人或机器的刺激必须符合其自身某些部分的特征,白噪音则无法胜任。之后则是一场奇妙的决斗:诺伯特拿着根大棒子追赶约翰,而约翰则拿着一柄双刃长剑在诺伯特身边跳来跳去——最终,两个人挽着胳膊吃午饭去了。[1]

闭口不言的"敌人的机器",毫不透明、紧紧锁闭,而它在麦卡洛克几年后的评论中再次出现。这条评论是他对约翰·冯·诺依曼《自动机的一般与逻辑理论》的讨论:

> 我承认,冯·诺依曼博士让我嫉妒的地方在于,对于他处理的那些机器,他自己一开始就有一张蓝图,上面写着机器的功能和使用方式。不幸的是,对于我们生物科学研究者而言——或者至少是在精神病学研究

1　McCulloch, "Recollections of the Many Sources of Cybernetics."

中——我们面前的则是一台外星人或者敌人的机器。[1]

麦卡洛克在说"敌人的机器"时,里面隐含了什么意味?"假想中""从德国人手里拿到的"黑箱其实发生于真正的战争场景。英国人之所以要保护磁控管,是因为他们知道,如果落在敌人手中,磁控管对于敌人的价值有多么珍贵。战机上搭载的雷达等技术设备,如果遇上飞机被击落的情况,就有可能落入敌军手中。为了避免这种情况,这些技术设备往往都有自毁机制。因此,当麦卡洛克说第一个黑箱爆炸时,他就是这个意思:自毁机制被触发了。二号箱子仍未受损,但没人知道有没有机会再额外拿到实验用的黑箱。因此,决不能侵入二号箱,不能尝试去探索箱子的内部构造,不然则可能再一次引发爆炸。任何想从二号箱子中得到的信息,都必须在不侵入箱子的情况下通过观察得到。自毁机制的威胁,让一切打开敌方设备的尝试变得不太明智——甚至也不太可能了。箱子必须是关上的,它必须是黑箱。研究者只能专注于箱子的外部界面,也就是输入和输出。

这并不只是工程师们面临的难题,它也指向了一个更大的命题。举例来说,阿图罗·罗森布卢特、诺伯特·维纳、朱利安·比奇洛的著名文章《行为、目的和目的论》中,他们在界定行为主义时就展现出了明显相似的逻辑:

1　John von Neumann, "General and Logical Theory of Automata," in *Papers of John von Neumann on Computing and Computer Theory*, ed. William Aspray and Arthur Burks (Cambridge, MA: MIT Press, 1987), 422.

面对任何从自身周围环境中被相对抽象出来、加以研究的对象时，行为主义方法会检验对象的输出，以及其输出与输入的关系。输出指的是，该对象对周围环境做出的任何改变。相反，输入则是任何改变对象的外部事件。[1]

1961 年，维纳在给自己 1948 年的著名作品《控制论》作序时，其在一则脚注中为黑箱给出了更加具体的定义：

我会把黑箱理解为一个装置，例如一个由 2 个输入和输出端口组成的 4 端口网络，它可以对当下和过去的输入信息进行确定的操作。但我们却并不掌握有关操作结构的任何信息。[2]

不管黑箱在人还是物之内，它都以特定的功能运行，但具体

1　Arturo Rosenblueth, Norbert Wiener, and Julian Bigelow, "Behavior, Purpose, and Teleology," *Philosophy of Science* 10, no. 1 (January 1943): 18. 虽然后起的功能主义与认知科学可以作为对行为主义的回应，我仍然会将它们归为对黑箱逻辑的友好补充，而不是对其基本趋势的破坏。因此，虽然功能主义相比于行为主义，前者可能**更加**愿意直接处理思维问题，我们则不能将这种改变解读为前者让箱子拥有了新的透光性。事实上，对于功能黑箱而言，我们**有必要**描述（用功能相关的语汇）其内部的运作方式。这种描述并不会消减黑箱内部的混淆。相反，它为混淆成立的可能性提供了先决条件。

2　Norbert Wiener, *Cybernetics: or Control and Communication in the Animal and the Machine* (Cambridge, MA: MIT Press, 1961), xi n1.

怎样运行，这一点无人知晓；外部观察者只能透过它的输入和输出，知道它**确实**在运行之中。

在小范围上，磁控管一类的黑箱可以给盟军的雷达提供更大的灵活度。但在大范围上，战争的冲突本身就是一个实打实的黑箱，其中敌方的物品和讯息会被频繁截获，并需要人来破解。行为主义、游戏理论、运筹学，以及后面控制论等新科学则开启了一个新颖的黑箱认识论。它以一种获取知识的新方法，取代了几十年甚至上百年的批判性研究传统，而在过去的研究中，人们则通过将客体揭露、去自然化，揭示其内部运转逻辑——从笛卡尔对方法的谈论，到康德与马克思的批判概念，再到弗洛伊德对自我的探寻，皆是如此。这种新认识论不需要对物进行任何介入，而是让它保持不透明的状态，通过观察其可见的特性来做出判断。简言之，行为主义的主体是一个黑箱主体。控制论系统中的节点是一个黑箱节点。游戏理论情境中的理性行为者，也是一个黑箱行为者。

"控制论哲学建基于他者的不透明性上。"历史学家彼得·伽里森如是写道，"在这种世界观看来，我们实际上真的像是拥有输入和输出的黑箱，无法接入自身和任何他者的内在生命。"[1]换言之，黑箱并不只是一个孤立的装置，而是逐渐成为在广泛意义上理解物和物之系统的方式。

这是否代表着弗洛伊德、马克思以及总体意义上的诠释学的

1　Peter Galison, "The Ontology of the Enemy: Norbert Wiener and the Cybernetic Vision," *Critical Inquiry* 21, no. 1 (Autumn 1994): 256.

消亡？至少马克思对于商品提出的原则终于实现了闭环。20世纪末期脱离了马克思在神秘外壳下的理性内核，并全然诞生出了新的现实，**理性的外壳与神秘的内核**。当下，我们的外壳便是一个键盘，而内核则是一块微处理器。我们的皮肤已经刻上了文身。我们的表面欢迎着符号互动，并有选择性地让外部可见的事物进入不透明的内部。外壳现在成为理性的一面，纵使其中的内核仍然无法探明。

这些新的黑箱因此被贴上了**功能**的标签，因为它们只是一种将输入与输出联系起来的方式。它们只会言说外部的语法，而内部则隐于黑箱之中。计算机科学家们自豪并正确地将这种技术称作"混淆"（obfuscation）。功能黑箱包括计算机、协议界面、数据物以及代码库。RFC 950标准在处理子网划分时清晰地言明了这一原则："每个主机都将其网络视为一个单一的实体；也就是说，网络将被视作一个与一系列主机相连的'黑箱'。"[1]在此工业新情境下，界面被赋予了极大的重要性，而内部结构则不受重视。当然，这个情境的前提是，一切都在线上，并且均处于其相应的位置。这些黑箱的存在是纯粹功能性的；它们并没有本质或超验的内核。

自此，敌人的机器并不是一个德国飞机中的设备，它是我们自身：一位呼叫中心的员工、一个在安检处的读卡器、一个软件、一串基因序列、一位医院中的病人。黑箱不再是一个等待揭露与

1　J. Mogul et al., "Internet Standard Subnetting Procedure," RFC 950, www.faqs.org/rfcs/rfc950.html.

解码的密码,它是完全通过输入和输出来定义自身的一种功能。

　　这就是为什么我们必须颠覆、扭转马克思"隐蔽的生产场所"这一逻辑。让我们再重复一遍:问题并不在于解码黑箱、驱散其中的谜题,而是要给黑箱编好程序,赋予它以功能。重点并不在于忽视新生产场所的存在,对从组装工厂(maquiladoras)到共享工作空间等生产场所毫不在意。相反,这些场所是新工业基础设施的组成部分与外皮。重点在于,我们要描述生产之本质以及比其更重要的东西,后者也就是意识之本质,这两者是如何经历了性质上的转变的。

　　在 19 世纪,马克思将批判思维隐喻为"降人"一个"隐蔽的生产场所"的过程。但如果揭露隐藏之地并不会引出解脱之径,我们又该如何继续前行呢?

26

无结构的暴政

黑箱暗示着一种互动形式,一种特别的网络结构。当然,这种网络并不新颖。它与阿伽门农的凯旋之链和克吕泰涅斯特拉的毁灭之网一样古老。但在 20 世纪 60 年代,计算机工程师保罗·巴兰为它起了个名字,分布式网络(distributed network)。[1]

分布式网络以水平的方向展开,其中簇状的链接在各个节点之间构建联结。网状结构中不存在主导的节点,组织与控制则覆盖了整张网络。每个节点都会基于其局部对网络的结构与信息发送做出决定。

巴兰将分布式网络与中心化的"星形"网络做了对比,后者在中心枢纽节点的基础上向外延伸出了多个外围节点。第三种,也就是去中心化网络,则是二者的结合。去中心化网络包含一系列不同级别的"星形"子网络,而中心的枢纽节点也就是相互连接的

1　参见 Paul Baran, *On Distributed Communications*(Santa Monica, CA: RAND, 1964)。

骨干链接所构建的更大合体物。因此,分布式网络与其中心化和去中心化的表亲不同,作为一种特别的网络结构,它内部的节点是平等、双向的链接,拥有着高度的冗余,并整体缺乏内部的层级。

网络中的每个节点都是一个黑箱,而每个节点都展现出了一系列的功能。两个节点可以通过功能接口进行交互、互相传递信息、实现特定服务。因此,分布式网络就是一种黑箱网络。

在信息发送上,巴兰的信息分布网络依赖着一种叫作分组交换(packet-switching)的技术,后者可以将信息分割为小碎片。每个碎片(或每个组)都可以自行找到传输的目的地。信息送达以后,各信息组则会重新组装,生成原来的信息。由美国国防部高级研究计划局在 1969 年研发的阿帕网(ARPAnet)就率先使用了巴兰的分组交换技术。事实上,"分组交换"一词并非巴兰首创,而源自英国科学家唐纳德·戴维斯,后者也为分布式网络发明了分组信息传送的系统,而此时他并没有关注到巴兰进行的工作。(是因为巴兰隶属于兰德公司,并且他与美国新出现的阿帕网关系紧密,这一切确立了他的历史地位。)同时,伦纳德·莱茵布罗克发表了他对网络流与队列理论的研究。莱茵布罗克专注于分析网络中的随机流,也就是说,这些流不稳定、无法预测,其中"流连续抵达系统的时间,以及每次抵达所需的信道都是随机的"[1]。莱茵布罗克对于队列的研究将对路由器等网络节点的设计产生重要的影响。

---

[1] Leonard Kleinrock, *Communication Nets* (New York: Dover, 1964).

在七八十年代,阿帕网(后称互联网)则得到了一系列技术标准的推动,这些标准也被称作协议。计算机协议则是一组实践技术标准的推荐方式与规则。而管理互联网大部分活动的则是RFC协议[请求注解(Request for Comments)]文档。[1] 这一表述来源于史蒂夫·克罗克(Steve Crocker)1969年4月7日发出的备忘录《主机软件》(Host Software),也就是今天所知的RFC 1。互联网协议由互联网工程任务组(Internet Engineering Task Force)发布。该协议可免费取用,使用者大部分为构建符合通用标准的硬件和软件的工程师。自1969年以来,发布了几千份RFC文档,并与全球其他技术标准一道,以协议之名构成了一套组织与控制的系统;对于网络中流动而又嵌套其中的碎片与原子,它们则是这些运动的组织者。

巴兰工作时美苏仍在冷战,美苏之间仍有爆发核战争的危险。此时,巴兰看到了分布式网络自身平坦且脆薄的特性所带来的战略优势。"二战"期间,打击目标都是通过战略地点和设施总结而成:工厂、机场、桥梁、城市。但在巴兰的分布式网络中则不存在压倒其他的重要节点。因此,作为军事目标的节点之间并不存在重要性的差异。从本质上看,列表中的目标也是非此即彼的:要么膨胀为所有节点的数量之和,要么归零。

巴兰的计划表明,克吕泰涅斯特拉的毁灭之网可能非常有效。相比于金字塔式的层级,分布式网络确实是脆薄、低效、组织混乱的。但这种不对称的关系,从长期看来,恰恰让这种网络坚

1　RFC文档保存在网络各处,并且可以通过正常网页搜索进行检索。

不可摧。巴兰明白，分布式网络并没有消解组织与控制，而是提供了一种新的组织结构。它既可塑又坚实，既脆弱又灵巧。

这种分布式的视角也沿着相同的系谱，显见于迪茨的代数织物与巴里切利的细胞生物质中，它也与连续摄影术和照相雕塑同源类谱。多种行动者与平行视角已经跨过了可计算（computable）的边界。

换言之，毁灭之网终于超越了凯旋之链。现在，复仇女神，而不是伊里斯或赫尔墨斯，才是发挥功能的神明（operative divinity）。这一点在其他方面也同样适用：不管是同质性的力量之内，还是更进步的政治运动，皆是如此。"我们已经厌倦了树。"德勒兹与加塔利写道。但同样的话很快便又出现于跨国公司的最高领导层，五角大楼的闭门会议中，或者其他拥有金字塔层级的堡垒深处。一方面，分布式组织在 20 世纪 60 年代的新社会运动中十分显眼，乔·弗里曼（Jo Freeman）则在 1970 年《无结构的暴政》一文中对其做了很有趣的考察。[1] 但与此同时，权力自身也分布开来。在米歇尔·哈特和安东尼奥·奈格里笔下，当今的全球帝国成为"一个动态、灵活、在水平方向展现自身的系统性结构"[2]。帝国在**形式**上与想要推翻它的运动十分相似。

因此，网络的规范性地位已经改变了。在旧的情境下，毁灭之网（也就是改装后的分布式网络）在人们眼中是对集中化控制

1　Jo Freeman，"The Tyranny of Structurelessness," jofreeman. com/joreen/tyranny. htm.

2　Michael Hardt and Antonio Negri, *Empire* (Cambridge，MA：Harvard University Press，2000)，13.

的溶解或威胁。而在新的情境下,毁灭之网则完全变成了重要甚至是必须的存在。或者如彼得·伽里森的精妙之言所称,冷战科技发起了"对中心的战争",并最终让去中心化与分布代替了中心化。[1] 而当下,我们身处于无中心的废墟之间。

但分布式网络在最近也变得同质化了。也正因此,这很值得我们去怀念一下网络可以颠覆权力中心、游击队员能威胁军队、游牧的人群能威胁城堡的时代。但现在的世界已然变了。分布式网络就是新的城堡、新的军队、新的权力。正如福柯评论复仇女神时所说:"让她们身处危险之物,也使得她们至高无上。"[2]

---

1 Peter Galison, "War Against the Center," *Grey Room* 4 (Summer 2001), 7 – 33.

2 Michel Foucault, *Madness and Civilization* (New York: Random House, 1965), 113.

27
互动性的悲剧

人们在形容网页时经常说它有多个层级，就像一个洋葱的多层结构一样。软件以"源代码"的形式存在，也就是通过C＋＋语言写就，可以人为解读文本文件。编译源代码时，这些指令就会被转换为机器可读、被称作可执行应用程序的代码，里面包含着机器硬件可以理解的基本操作。这一应用程序创造了软件的第三种情况，"运行时"（runtime），此时真实的用户运行着代码，并与之进行交互。

代码的这三种面向——源代码、可执行代码、运行时——在任何计算机技术中都十分重要。但哪一个又是最重要的呢？人们一般认为运行时的界面最为基础，因为其代表着用户对软件真实的体验。但换个角度来说，可执行代码才掌握决定性的瞬间，因为它包括让软件运行的必要实际指令。但我们又可以说，可执行代码只是源代码编译而成，而后者才是本质性的——就像步骤表之于成品，或者音谱之于表演一样。要运行"源"代码，它就必须以非其自身形式的方式出现（可执行代码），并且只能通过与前两者不同的形式被体验(运行时)。当一方藏匿自身时,另一方则在掌控局势。这或许便是软件的神秘逻辑:软件在最完全表达自身的瞬间掩藏自身。或如全喜卿所言,代码从来不只是一种源,它永远是一种"资源"。[1]

界面与源码之间的张力则引发了关于开源软件的社会运动,而这种软件则允许用户获取源码与可执行代码。但软件表面的效果却潜伏着万般隐患。黑箱逻辑贯穿着软件的深处。举例来说,计算机科学的设计风格,也就是大家所知的**封装**(encapsulation),渗透了所有的计算机语言和编程环境,不管代码是否开源皆为如此。工程师在封装时,会将代码分为特定的模块单元,它们有时候被称作对象或库。然后,工程师便会提供可读的界面,以供人们使用。

在这一意义上,软件自身的运作与网络如出一辙,它是一个在抽象的信息空间内模拟出来的、传送讯息的网络。软件中的物则是网络中的节点,其中的讯息则通过任意两对象界面之间的"边"(edge)发送。界面则成为对象或库向内外传输的唯一通路。对象或库自身的源码是隐藏的。总的来说,计算机科学家之所以注重封装,是因为这个技术有助于维护代码,并让运行更加简单。

黑箱结构因此标志着可读性的危机。或者说,如果这算不上一场危机的话,那便意味着读与写方式的转变。顺着克劳德·香农有关信息科学的思路,信息并不关涉语义内容和阐释。数据是

---

1 Wendy Hui Kyong Chun, *Programmed Visions: Software and Memory* (Cambridge, MA: MIT Press, 2011).

要解析的，而不是有传统意义上的"读"法的。因此，信息是反阐释学的；它的内核并没有嵌入意义，它的里面只有模式（pattern）。

事实上，从定义上看，数码物自身则是两种协议（两种技术）的交叉产品，而不是人类通过语义而将意义投射为形式的产物。当物质实现了数码化后，任何可识别的"内容"都只是数码基质通过人工解析之后生成的可预测、模板化的一块东西——计算机科学家则将其称为"结构体"（struct）。任何意义上的数据"内容"都呈现为被事先收集起来的、人类行为的附带产物，搜索引擎中的页面排名算法或机器学习的输出就是它们的体现。

简言之，我们需要探索一种新的阅读模型，它的核心不只是阐释学的，而且也应该同时关涉控制论式的解析、扫描、重排、过滤、插入。这种新的阅读模型需要建基于一个内在、机械的软件概念上。现在的问题则不只有关话语（logos），也同时牵涉着工作（ergon）。网络不只是文本的实体，这种实体也一直在投身于对自身的劳作中。

这种行为与劳动的方式——通过网络进行的双向互动——在贝托尔特·布莱希特的经典广播絮语中被认为有乌托邦的色彩。汉斯·马格努斯·恩岑斯贝格尔则在重复布莱希特的观点时，将其称作"被解放"之媒介的心与灵。[1] 但在今日，互动性则成

---

[1] 参见 Bertolt Brecht, *Brecht on Film and Radio*, trans. Marc Silberman (London: Methuen, 2000)，以及 Hans Magnus Enzensberger, "Constituents of a Theory of the Media," in *Electronic Culture: Technology and Visual Representation*, ed. Timothy Druckrey (New York: Aperture, 1996)。

为控制与组织的工具。如毁灭之网一样，网络困住了连接这一行为。但又如凯旋之链一般，网络在双向（图像理论家将这些行为发生的场所称为"无向"图）阐明与传递讯息上变得异常高效。

这就是一种互动性的政治悲剧吧。有机体，无论是否愿意，都必须参与交流。维纳在一开始定义控制论时，"交流"与"控制"二词便是紧密联系的。用菲尔·阿格雷的术语说，有机体的"捕获"是通过任意数字的信息节点与规则实现的。[1] 点击是累计计算的。行为会被采集，用来获取有意义的数据，或者用来追踪非法数据。甚至基因组也成了勘探的对象，以用来获取稀有或是有用的序列。互动性正是一场政治悲剧。恩岑斯贝格尔眼中如此具有解放性的存在，在今日却恰恰成了信息剥削、管理、控制的场所。恩岑斯贝格尔想将媒介从法西斯的单向模型变为激进民主的双向模型，这一想法值得赞许，并且与其自身时代的政治运动紧密相关。但在今日，双向性则不再是过往时日里的救世英雄。今天，互动性代表着全然参与（total participation），因此也便意味着普遍的捕获（universal capture）。[2]

虽然如此，网络定义了节点与边缘，但它没有定义网间的孔洞。也就是困住了部分东西，却放走他物的间隙。而有关网络的

1　参见 Phil Agre，"Surveillance and Capture，" *New Media Reader*，ed. Noah Wardrip-Fruin and Nick Montfort（Cambridge，MA：MIT Press，2003），737 - 60。

2　数码捕获的兴起也提升了预防性技术的重要性，其中包括阻止、混淆、隐藏、暂停、不披露等。关于更多抵抗数码捕获的信息，参见 Finn Brunton and Helen Nissenbaum，*Obfuscation: A User's Guide for Privacy and Protest*（Cambridge，MA：MIT Press，2016）。

科学(也就是图像理论)，其内部并不存在关于间隙的理论。图像是没有孔洞的网，抑或这些网上的洞很难觉察。网络坚称孔洞存在，但其强调的是孔洞被排除出整体后的状态。孔洞确实存在，但无法行动。图像则是"未连接物"被驱逐出话语后的网状物。

这种缺陷也成为一种负担。越来越多的政治问题从图像的孔洞，也就是之前被排除的所在中涌出。随着整个社会空间内网络技术的普遍增强，这种过去所为的排除则牵连着各种网络之外的问题：不稳定的劳动与后福特主义；人作为"肉体"(霍滕斯·施皮勒斯)或是"赤裸生命"(吉奥乔·阿甘本)的概念；有关囚禁、引渡、人身保护令(habeas corpus)的政治问题，而当今的"暗网"就是曾经流放地与恶魔岛的新版本。[1] 被驱逐而不能实现网络化存在的是谁，或是什么？而结构化的张力——例如社会再生产与种族化的机制——是如何在链条到网络的过程中持续存在的？[2]

1　参见 Hortense J. Spillers, "Mama's Baby, Papa's Maybe: An American Grammar Book," *Diacritics* 17, no. 2 (Summer 1987): 64–81,以及 Giorgio Agamben, *Homo Sacer: Sovereign Power and Bare Life*, trans. Daniel Heller-Roazen (Stanford, CA: Stanford University Press, 1998).有关利用施皮勒斯的观点对阿甘本的批判，参见 Alexander Weheliye, *Habeas Viscus: Racializing Assemblages, Biopolitics, and Black Feminist Theories of the Human* (Durham, NC: Duke University Press, 2014)。

2　对于极端化与大规模关押背景下的链条与网络，现有一本非常精彩的研究，参见 Jackie Wang, *Carceral Capitalism* [Los Angeles: Semiotext(e), 2018]。关于社会再生产的劳动(与家庭问题有关)，参见 Sophie Lewis, *Full Surrogacy Now: Feminism Against the Family* (London and New York: Verso, 2019)。

虽然政治都在边界之外展开，但它也会在内部重新出现。试想现代性内部与向后现代过渡的途中，那些以网络为中心的政治反抗图像：游击队战争、无政府工团主义、"草根"组织，以及各种其他的块茎化运动。它们都在网络模式"形式上的内部"，因为它们自身的形式便构成了某种分布式或去中心化网络。[1]

当权力的所在迁移至分布式网络，继而吞并了左翼武装斗争的工具后，政治行动便需要新的模型。我们有必要找到一种新的工具，它与分布式网络的关系应该和分布式网络，与现代性权力中心的关系一样不对称，像克吕泰涅斯特拉的"宽阔巨网"与阿伽门农的高效军术一样不对称。

这种新工具可能存在于网络外部，但也可能存于网络之内。它的范例可能是哈基姆·贝（Hakim Bay）的临时自治区概念，或者电子干扰剧场（Electronic Disturbance Theatre）的线上电子集群。或者，在非人类的领域内，电脑病毒或蠕虫则可能在完全随意的情况下，创造一种反对网络的感染、破坏新模型，并利用分布式网络的同质性轻易地实现外向拓殖。同时，黑客们也在网络上的机器中寻找逻辑工具，让他们可以在正常代码的功能运作之内实现颠覆与控制。

1　试想信息理论是怎样定义"噪音"的。我们可能将"噪音"浪漫地想象为对可预测数码代码造成损害之物。但在信息科学中，噪音并不是信息的反面。香农和韦弗则将其定义为讯息建构过程中的熵量。简言之，（整体上）噪音越多，就意味着有更多的信息。因此，噪音是一个信息自身内的问题，而不是信息外部的问题。参见 Claude Shannon and Warren Weaver, *The Mathematical Theory of Communication*（Urbana：University of Illinois Press，1963）。

许多这些技术并没有完全成形。在某些情况下,它们在政治上还很幼稚,有时甚至在开倒车(正如网络病毒)。然而,它们确实初步绘制出了一种网络化组织影廓般的模型,一张反对网络实践却又完全内生于网络形式的图像。

28
迈向实际上的不存在

让我们回顾一下，从加利福尼亚与纽约的学生占领运动，到"黑命贵"运动，到西班牙的"愤怒者"运动与希腊的反对紧缩运动，再到堤昆与隐形委员会，然后溯上历史之流，回到祖科蒂公园与占领华尔街运动。世纪之交，一种新的政治姿态，一个身份信息极度黑箱化的政治团体诞生了。

这些运动中，有些对权力提出了诉求，有些甚至赢得了权力的让步。在其他情况下，我们却从反抗者口中听到了一种奇怪的宣言：**不，我们没有诉求**。我们的运动不需要政治代表权。我们不想要集体谈判。我们并不想要谋权求职。我们想要拥有为我之所为的自由，容我于世的自由。我们没有诉求——至少没有可以用你们的语言表达出来的自由。我的生命便是诉求。保持在场便是诉求。

批评者认为这种新姿态是失败主义、不切实际，或者乌托邦式的。有的人甚至认为这是一种特权。因为除了特权者，谁又可以去为不存在的东西抗议呢？但"没有诉求"这一姿态背后的权力,恰恰在于它没对权力提出诉求。相反,它要完全通过一种政治上的不参与或**去生长**(degrowth),来谋求颠覆权力的链条。如果因为经典的犬儒主义或虚无主义而放弃这些运动,那便是错误的。甚至同样不对的,则是用国家权力对抗恐怖主义的理论来解释——这些语言属于列宁、奥巴马、布什,以及剩下的其他人。这种新政治姿态的关键在于减除(subtraction),也就是与存在维度相关的减除性特质。

试想一个世纪前便开始流传更迭的宏大叙事:它从时间转向了空间,又在当下回到了表象自身。时间于19世纪与20世纪早期进入了西方的思想,但在"二战"期间,空间又成了新的组织原则。当人们谈论时间的审美与政治时,当然可以回溯至黑格尔、达尔文与马克思,也可以回到柏格森与海德格尔,以及本雅明的怀旧与再生产,爱因斯坦对于时间的科学解释,或者如留声机、电影以及其他记录时间之技术的、伟大的1900媒介(这则是基特勒的概念)。

如果说前期阶段引入了时间的政治的话,那"二战"之后引入的则是空间的政治。二十世纪七八十年代的讨论在亨利·列斐伏尔标志性著作《空间的生产》的推动下,转向了"情境"与"地理"、"辖域化"与"逃逸线"、"异托邦"与"异质空间"、"游牧"的游荡与"暂时自治区"。确实,弗雷德里克·詹姆逊认为,后现代主义并不只是一个历史时期,而是一种实实在在的文化的空间化。最近,詹姆逊则呼吁要重新发明辩证法,不再把它看作所谓历史的引擎,而是将其作为空间性的引擎,作为一种"空间辩证法"而存在。[1]

---

1 Fredric Jameson, *Valences of the Dialectic* (London and New York: Verso, 2009), 66 - 70.

从时间的四维度，到空间的三维度，维度的减除像箭一般射出。下一个则是两维度的平面——德勒兹与他的拓扑学——以及一维度的政治问题。一维度的本质是二元的，它将所有的政治问题都降为显现和消失之间的开/关逻辑。

相反的是，今日的二元在本质上是虚假的，因为与计算机 0 和 1 在算数层面的对称性不同，线上与线下的二元相互极不适配，所以二者也几乎不会通过界面产生联系。实际上，定义纳入与排除之间的"界面"的，完全是界面的不可能性：该定义的积极面向承载着过量的权力，而它的消极面向则承载着过量的不可见性与他异性。因此，今日的政治是一种猖狂的"黑暗德勒兹主义"，其中对纯粹实证性的肯定，以及同时以各种形式对诸多的接受，最终都成为政治自身想要削减的东西：互联世界与黑暗大陆、国家权力与恐怖主义分子、我们与他人之间存在的严格的二元分立。[1]"没有诉求"的姿态公开反对着这一切。我们的生命就是诉求。保持在场便是诉求。

因此，新世纪的政治并不是时间和空间的政治，它的问题在于表象。在德波、詹姆逊或列斐伏尔之外，有一种新的激进思想正在今日浮现：维利里奥的《消失的美学》、利奥塔的《非人》，或者列维纳斯的《论逃离》。让我们抛却对时间或空间的政治思考，去想想在场与不在场的政治，后者牵涉着一系列问题：不可见性、不透明性、匿名性，或者识别与可读性的关系、非存在与消失的策

1　参见 Andrew Culp, *Dark Deleuze*（Minneapolis：University of Minnesota Press，2016）。

略、对预防措施的新型抗争、身体的疗愈、隐私与感染、信息抓取
与(通过数据挖矿实现的)数据显形。[1] 我们可以想想黑特·史德
耶尔 2013 年的视频《怎样不被看见》,或者西蒙娜·布朗有关黑
人之发光性(black luminosity)的研究[2],或者克莱尔·方丹的人
类罢工概念。[3]

　　"对于我们而言,这与**获得领地**无关,"因偏向于不可读性,而
选择不再着重关注空间的隐形委员会写道,"相反,要增加公社、
循环、团结的密度,让密度高到一定程度,使得领地对于所有当权
者而言都不可读、不透明。我们不想占据领地,我们要**成为**领

1　虽然消失与回撤可能会让人们想到白人男性的特权:亨利·戴维·梭罗
　　(Henry David Thoreau)在小木屋中隐居,约翰·罗尔斯(John Rawls)隐于
　　"无知之幕"下——但在此处,我的灵感则来源于女性主义和黑人理论中的
　　不透明性与消失。可特别参见 Rosi Braidotti, "The Ethics of Becoming-
　　Imperceptible," in *Deleuze and Philosophy*, ed. Constantin V. Boundas
　　(Edinburgh: Edinburgh University Press, 2006), 133 - 59;Édouard Glis-
　　sant, *Poetics of Relation*, trans. Betsy Wing (Ann Arbor: University of
　　Michigan Press, 1997);Elizabeth Grosz, "A Politics of Imperceptibility,"
　　Philosophy & Social Criticism 28, no. 4 (2002): 463 - 72;Kevin Quashie,
　　The Sovereignty of Quiet: Beyond Resistance in Black Culture (New
　　Brunswick, NJ: Rutgers University Press, 2012)。
2　参见 Hito Steyerl, "How Not to Be Seen: A Fucking Didactic Educational .
　　MOV File" (2013),以及 Simone Browne, "Everybody's Got a Little Light
　　Under The Sun: Black Luminosity and the Visual Culture of Surveillance,"
　　Cultural Studies 26, no. 4 (July 2012): 542 - 64。
3　Claire Fontaine, *The Human Strike Has Already Begun & Other Writings*
　　(London: Mute, 2013).

地。"[1]对于他们而言,问题不是领地的"自主性"(哈基姆·贝)或者重新构想空间(德波与情境主义者),而是不透明性与不可读性。"存在着一种有关无法呈现(unrepresentable)的政治,"麦肯齐·沃克在《黑客宣言》中写道,"这种政治的焦点,在于呈现无法通过谈判而实现的诉求。"[2]

让我们从高处沿着这一源流向下,从时间到延伸(空间),最终来到存在(在场/不在场),也就是政治表征自身的原始条件中。存在的新政治并不只是长时间、历史性真实的政治相关,不是领土霸权,甚至不是识别与表象的政治,而实际上,它恰恰是一场对是什么与存在之可能性的崭新斗争。把预防替换为**先发制人**。把激进分子"没有人是非法的"的口号替换为"没有**存在者**是非法的"。这些不只是针对身体政治(从对身体的改变到定制款药物)的斗争,这种斗争关乎的是存在的政治。谁被允许存在?谁又能以他人为代价而有繁茂的生命?

这种新生的、存在的不可读性与 20 世纪有关本质和反本质主义的讨论并不相同,因为后福特主义已经为后者画上了完整的句号。这会是一场唯物主义上的对抗,但同时也是一场非物质、观念论的斗争,因为"思想犯罪"这一古老幽灵的丑陋面庞则又一次浮现了出来。人们因为自己的观念、形式、文字、经文而被送进监狱。而其他人则会通过获取并肯定纯粹的形式而赢得胜利。

1　Invisible Committee, *The Coming Insurrection* [Los Angeles: Semiotext (e), 2009], 108.

2　McKenzie Wark, *A Hacker Manifesto* (Cambridge, MA: Harvard University Press, 2004), 231.

未来确实已经到来了，"源之迷恋者"(source fetishists)已经遍布各处，他们通过生物技术检测着亚马逊雨林深处的基因源头，也挖掘着藏在亚马逊网站深处的、消费者的核心本质。

这对于思想的影响则完全是另一个问题了。当今，辩证法的决定性特质并非矛盾、综合、否定，甚至也不是生成、过程、历史性等概念丛，而是非对称的二元。这种二元是如此失衡，以至于它最终变成了一种管控之下的一元论；它如此失衡，以至于被压制的另一极已经**实际上不存在**了；它如此失衡，以至于综合本身也成了一个幻影，一种虚假的技术。它扔给人们一种观念，让大家以为它最终会恢复原状，但抛出这种东西，其实和做当日买卖的投机分子搞短期投资一样难以令人信服。正如戈达尔的名句，"这不是一张公正的图像，这归根结底只是一张图像"(this is not a just image, this is just an image)。因此，如果我们能从当下的困境中学到什么的话，那便是：从一个实际上不存在的存在者中，是可以生成实际的不存在的，而(n−1)一般的减除式存在可能是让权力滥用实现去生长(degrow)的最佳方式。

我们无法说一种新的黑人性出现了。我们无法承认透明的衰落与模糊的兴起。但也不要宣称完全相反的东西。我们只需要从要做的决定中抽身而去，问出问题。相反，我们要问：什么是永恒？这个让世界充满外壳、伪装、犯罪的黑箱——这个黑群(black bloc)——到底是什么？它是我们的敌人，还是我们的同盟？这是否只是一种新的虚无主义？完全不是。这反而是爱最纯粹的形式。

后记:关于方法

在学术作品中,自我省思往往是必要的。它不仅仅关系着思考的对象,也与知识成果的方式有关。人们通常将这种省思归为方法论一类。但方法论的具体内涵往往并不清晰,而在马克思主义、女权主义、后结构主义、心理分析及各种学科中尤其如此。有些人选择相信那种有利于自己并且有点虚荣的观点,认为理论和方法论是一个东西、有共同的追求。所以"做理论"便会抢在方法论省思的前面,让后者这种棘手的训练变得无关紧要了。如果理论就是方法的话,那为什么还要提及方法呢? 如果理论为王,为什么还要担心别的事呢? 然而,学术的现实与这些浅表的结论相反。学术领域事实上充满了各种各样的研究方法:从量化研究的实证便利性,到民族志访谈的技法,到历史编纂学的叙事凝缩,再到如马克思主义、女性主义、心理分析读解等方式的工具性阐释学脉络。

换言之,当今的方法论有着自由主义的面向。每一种品味都能对应上一种方法,每种偏好都能被满足。现在,一名学生或者学者若想要获得成功,便必须领悟多种方法的选择,并针对手头上的任务对症下药;这个问题用这种方法,下一个便要用一种新的。在这个意义上,现在的方法论与其说是要实现根本上的契合,不如说是要用得合理,它相对于普适背景更注重个人风格,相对于坚定的信念更注重实用主义。

但合理运用也是门棘手的活计,并且每个人也不会赞同彼此的品位。许多对方法论的研究都退化为对人气的争夺。谁在宣扬什么理论,又是为了什么?是性别、阶级、逻各斯、档案、凝视、欲望、游戏、剩余、奇点、抵抗,或者生命自身?是要在一番激昂的批判之后,将一种方法论建构置于他论之上(并了结未来所有的批判)吗?

矛盾便在这里浮现出来:产生自由普世主义的历史力量,也同时在试着将这种异质性引入、控制在单一的符号秩序之中。正因此,当代学术方法论的自由主义面向是方法-效果导向的,它既强调了方法的多样性,又同时压抑了多样性的发展。

而随着人文学科在近些年远离琳琅满目的质性研究方法,转向量化、经验的研究技艺,情况便更令人摸不着头脑了。在现代思想内部,作为方法论普适主义的明显反驳者,量化研究的实证便利性往往超过了其他的方法,最近有关数字人文的辩论也让这个事实清晰了起来。那些呼吁——呼吁运用经验材料证实,呼吁将复杂性简单化,呼吁可重复性与客观性原则,呼吁三段论或演绎论证的顺序逻辑,简言之,呼吁从巴洛克时代转向——沿袭自笛卡尔、开普勒、伽利略、莱布尼茨的启蒙理性,它们已经将其他一切排除在外。这将一系列自由主义的可能性都汇聚到了一种单一的方法论上，但为什么要这样，又怎么能做到呢？

或许方法的根本问题在于一个历史瞬间，也就是知识变为生产，失去自身内在性效力，不再是意会的，而需要通过某种元话语的力量自证合法性的时候。让自己的话语拥有权威，并不如世俗主义的胜利、上帝之死、理性兴起等话语所称，是现代时期人类获得的全新权利。今日，这种权利恰恰腐朽、堕落为各种学术攀谈。方法在降临之时已然是支离破碎的，而其完美的典范则姗姗来迟。

所以，量化、理性主义的方法占据主流并不等于简单地宣称科学实证主义，在现代早期以降改变了知识生产与真理的本质后，已经取得了智识斗争的胜利。其中也有别的意味，因为方法论（的复数形式），在自身的自由主义迭代中，其性质便是方法-效果导向的。对于那些一开始就认同科学实证主义邪教的任何人而言，自由主义的迭代物恰恰是他们唯一可以接受的东西。

除了纯粹的适配性、纯粹的个体合理性、每个物体中所有独特特质得到匹配的原始颗粒性，还有什么可以与上述这些一样有效呢？对于后福特主义而言，这样的结果产生了无限的定制化，使得每个思想者都有了适配自身的方法。不管是上帝、原乐（jouissance）、实用理性还是实证上的可验证性，没有任何方法论上的权威可以称王称霸，这也便是这种极具包容度的自由主义所自豪的地方。换言之，即便许多方法论内部的自由主义分崩离析，这样的自由主义也仍然将实证效力奉为圭臬。因为，还有什么能比无限的定制化更有效的呢？除了给所有人做任何想做的事的自由，还有什么方法可以更好地看管内部如彩虹一样驳杂的群体呢？将世界标准化、杀死精神，但赋予差异以更大的权力，如此这般来打碎个体身上的枷锁。简言之，在后福特主义之下，自由普世主义与实证效力之间存在着一种特殊的关系。

对于文化工作者而言，这构成了某种问题。量化方法的胜利似乎让他们许多的劳动成果遭遇贬值、排挤在外了。这句话换个主语也是成立的，因为不少文化工作者看不出实证主义的工作有何价值，并且经常拿着执迷不悟、没有灵魂、短视不已等词口诛笔伐。而在方法论的危机面前，他们则选择回撤至更缜密的批判实践中。这并不是因为诋毁他们的人所说的那样，他们只是抓着一些空想哲学家在与世隔绝时拥有的安全感；相反，他们通过一种与当下情境不甚对等的思考方式，反而获得了新的视角。

但追求量化研究方法的人文主义者还面临着另外一种挑战：今天的商业巨头基本上都是由高度发展的定量研究模式组成的。一家互联网搜索公司的页面排名算法就利用了该领域大量的知识劳动。它依靠着数据提取、存储、处理能力，不断补充着自身拥有的劳动能力。因此，在很多情况下，原来的知识劳动变成了现在的工业劳动。而在学术界运用量化方法论时（爬虫、抽样、调查、语法分析、信息处理），研究者也必须和各种在当代技术领域发展的媒体公司竞争。一位采用这些方法的文化工作者，其实只是一个轻量版的亚马逊或者艾可飞公司罢了。

一个世纪之前，资本垄断着物质的生产资料，而现在它垄断的是非物质的信息。工业终于前进到了知识劳动之域，根据许多报告所称，它的发展进度超过了所有人的预期。许多作家与学者因此必须直面一个恐怖的事实：商业领域就是掌握着比自身优良得多的数据储备。因此，信息社会中研究信息的学者将永远陷入资源的短缺之中，他们只能跟在谷歌旗下大批数学博士的身后穷命追赶。纵观历史，非物质、信息资产与资本的关系从未如今天一般紧密。

除却天赋与资源的不对等，另一层挑战在于批判的效力。用同样的实证技艺来对抗实证技艺，以其人之道还治其人之身是合适的吗？在从前，这种批评不会成立，甚至也没有必要。马克思写作中所对抗的体系并没有对知识生产的装置做出特别的判断——即使驱动这种装置的，是一种对意识形态持久而有害的误解。今天，现状完全反了过来。资本主义的新精神存在于脑力劳动、衡量自身、装点自身、永恒的批判与创新、数据的创造与提取之中。说简单些，资本主义的工作与智力工作——不管任何种类，不管是中产阶级还是进步的——现今都有着前所未有的相同本质。[1] 因此，学术方法论的合法性似乎面临着一种道德危机。这些方法中最好的那些，相比于新型算法产业，也只配当后者预算不足、能力孱弱的表亲；而那些最差的，则只成为那个贬低个体、引人入瓮的系统的无知帮凶。奥德·罗德（Audre Lorde）曾经提出了一个问题：主人的工具可以用来摧毁主人的房子吗？这

1　对于这种现象的三种精彩而不同的证词，参见 Nancy Fraser, *Fortunes of Feminism: From State-Managed Capitalism to Neoliberal Crisis* (London and New York: Verso, 2013)；Alan Liu, *The Laws of Cool: Knowledge Work and the Culture of Information* (Chicago: University of Chicago Press, 2004)；以及 Luc Boltanski and Ève Chiapello, *The New Spirit of Capitalism*, trans. Gregory Elliott (London and New York: Verso, 2005)。

个问题至今仍然有效，并且又多了一个问题：**当主人开始使用我们的工具时，我们还能继续使用自己的工具吗？**

——

随着计算机和媒介在学术界与社会中相继崛起，我们确实在过去几十年中见证了控制论假说的实现。这也引起了人们对于知识工作的本质与文化的一系列讨论。或许，其中最活跃的对话是关于阐释学与批判的状况的，换言之，"在今天，阅读意味着什么"。一些人认为，转向计算机与媒介扰乱了文本的阅读和阐释的传统方式。讨论的核心一般集中在数码媒体的兴起，以及它们看起来是如何扰乱了阅读的经典批评与阐释技艺的。[1] 有人认为，数码性的关注点离开了风格、符号、隐喻，而转向了技艺、物质性与档案。正如斯蒂芬·贝斯特与沙伦·马库斯近期所称，计算机是产出"有关文本更准确的知识"的"弱阐释者"，它们因此与拥

---

[1] 对于这些复杂、观点迥异的辩论，现已有一些论著对其进行了基本的讨论，参见 Bruno Latour, "Why Has Critique Run Out of Steam? From Matters of Fact to Matters of Concern," *Critical Inquiry* 30, no. 2 (Winter 2004)：225‑48；Stephen Best and Sharon Marcus, "Surface Reading: An Introduction," *Representations* 108 (2009)：1‑21；以及 Heather Love, "Close but Not Deep: Literary Ethics and the Descriptive Turn," *New Literary History* 41 (2010)：371‑91。这些关于"细读""远距阅读""表面阅读""描述性阅读"的讨论也许现存于艺术史中的关于近距离和远距离观看的话语［或者如阿洛伊斯·里格尔（Aloïs Riegl）所称，艺术的触觉与视觉特性］产生了碰撞与融合。参见 Aloïs Riegl, *Late Roman Art Industry*, trans. Rolf Winkes (Rome: Bretschneider, 1985)。

有"最低限度的批判自主性"的新型读者十分适配。[1] 弗兰克·莫雷蒂在《远距阅读》中的观点也与之类似：计算机作为读者很有用，因为它们可以通过从大型文本语料库中抽样、通过聚类算法识别新现象、在空间向度标注数据点等研究来提高经验知识的准确性，而人类要开展这些研究则相对困难。[2] 许多学术讨论一直持续至今，而在诸多重要的思考之间，我想让各位重点关注一下艾伦·刘对数字人文现状的详尽描绘，以及伊丽莎白·威德在为某种批判性辩护时对贝斯特与马库斯的回应。[3]

我在这里所尝试的，不只是简单地确认或描述社会、文化、经济范式的存在，也不只是简单地对此进行道德说教，或者重新竖起一个等待被打倒的"怀疑之阐释学"稻草人。相反，我想试着转变一下话锋，而提供一种对当代现状更具体的图绘。数码之宇宙的种子是在什么时候，又是如何种下的？要让数码的概念形成自洽，需要发展出什么样的历史条件？知识的创造与再结合是在什么时候，又是如何拥有了自由主义的特质，使得其中的每位思想家都去追求独自的目标？为什么这种组织方式有利于榨取剩余价值？我们在此处的目标，是采用福柯的经典研究方法，去探索一些计算机时代的"可能性条件"。诚然，诺伯特·维纳发明了控

1　Best and Marcus, "Surface Reading," 17.

2　See Franco Moretti, *Distant Reading* (London and New York: Verso, 2013).

3　参见 Alan Liu, "The Meaning of the Digital Humanities," *PMLA* 128, no. 2 (2013): 409‑23, 以及 Elizabeth Weed, "The Way We Read Now," *History of the Present: A Journal of Critical History* 2, no. 1 (2012): 95‑106。

制论科学，但如果要让他有能力进行这种创新，那么在之前的几年又需要为此创造什么样的可能性条件？克劳德·香农提出了信息科学的新模型，但要让人们从一开始便将世界理解为信息，又需要什么样的可能性条件作为先行因素？我们有许多回答这些问题的方式，而我则选择了从埃达·迪茨、尼尔斯·巴里切利等人的一系列故事以做解答。这并不能替代已有的计算的历史，而是用以扩展被称为可计算之物的历史与概念空间。

因此，有关数码计算的争论被恰切地形构成了一种辩论，它不只关乎这种或那种研究方法，而且牵涉着至少几十年前至今的知识体系。基于我们现在所做的论述——数码的方法最好时是一种时代精神的良性组成部分，最差时则是 20 世纪晚期计算主义的衍化品[1]——让我在最后列举一下投身于数码方法者必须面对的一系列问题和挑战吧。

A）**霸权、重述、对等**。因为计算机在当代世界中已经占据了霸主的地位——从凯文·凯利、托马斯·弗里德曼，到曼努埃尔·卡斯特尔、米歇尔·哈特和安东尼奥·奈格里——提出一种以计算机为中心的研究方法，就意味着要让人文学科朝着这种主导力量迈进，而非与其分道而行。对于那些不属于趋同与正统、更倾向偏离与非正统观念的智识求索而言，这则构成了某种问题。

另外，霸权的问题不仅限于统治与从属之间的阶层问题。它

---

[1]　关于更多对计算主义的评述，参见 David Golumbia，*The Cultural Logic of Computation*（Cambridge，MA：Harvard University Press，2009）。

还关涉着阶层结构内部不同的言说方式,特别是一些有关知识与现实的言论是重述还是批判了统治的结构。批判的本质与角色正是当代有关数字人文之争辩的核心,而许多人也对批判的必要性和阐释的有效性十分关心。因此,我们有责任看到批判自身命运的变化:在重述性与抗争性的观点之间,二者的相对价值发生了明确的转变。

有了霸权与重述的问题的情况下,我们便必须提出下面这个问题:人文学科研究的角色是否要对等地反映更宏大的社会趋势,还是要扮演其不对等的反思者? 当社会与经济基础设施形成了如此的结构,人文学科研究者是否要重新设计自身的学科,以谋求与基础设施保持一致? 硅谷将社会看作一个由创造价值的行动者所生成的网络(其免费的劳动创造了巨大的利润);那么,大学英语系是否也要提出同样的观点? 物导向的计算机语言认为,物体可以被抽象为拥有代码化界面的"对象",并且可以执行可量化的功能;那么,文学研究者在面对小说和诗歌时是否也有必要提出同样的观点? 现在的问题并不只是重述的问题(说一样的还是不同的话),而是对等与不对等之间的问题(常规结构的拓殖与延伸)。

不管批判是否成立,我们仍然需要思索那个初始的康德式问题:思想是被一个自古沿袭的常规结构所决定的,还是只有在不对等、相对于思考对象自我定位的姿态下才有可能成立? 在继承了计算机这一发明后,我们是否也必须和它一同思考?

B) **意识形态、技能削减、无产阶级化**。第二个术语丛则揭露了数码计算学者面临的另一种挑战。就把它称为上手状态(Zuhandenheit)问题吧：我们居住在控制论主导的宇宙中，自身却对其毫无必要的意识，我们在使用数码工具时也不会对其进行必要的反思。当然，惯于使用工具在某些情境下是有益且实用的，并且文学与艺术确实在更根本的层面上与技术（techne）密不可分。但对技术的习惯已随着数码机器的降临达到了前所未有的程度。赫拉克利特曾写道，自然喜欢掩藏自身，计算机也毫不例外。我们必须在这个有混淆之力的基础设施面前保持冷静，以认清它在什么时候、是如何有益于己的，什么时候和如何则不是。

自康德与马克思开启了批判思想的现代阶段后，诸多有关批判性的讨论便围绕着一个概念展开：批判是意识形态的宿敌［或者在康德的语境下，批判的对手则是教条（dogma）］。因此，这便构成了数码理论的新挑战：如果技术的习惯化确实与日俱增，批判性又日渐衰减，这会不会意味着意识形态的力量也将同时崛起？数码方法倾向于将发现数据的过程变成习以为常之事，那它们是否也在同时强化着意识形态的基础设施？

但除了这些迎面而来的知识合法性问题，还出现了一种更加关涉日常的问题：技能削减问题，或者贝斯特与马库斯所说的"自主性被降至最低"[1]。数字人文对人类主体有着一系列的假设。虽然看起来学者和学生们都将自己更坚实地嵌入了数据，但数码工具其实做的却是相反的事情。高度编码的黑箱界面将可能输入的内容削减为几个关键词，或者算法的参数。那些曾经特定领域内的学者或专家，现在则变成了受制于工具可供性的工具使用

―――――――

1　Best and Marcus，"Surface Reading，"17.

者,而学生们会花更多的时间掌握各种菜单和按钮。他们了解如何使用数码设备,却对档案或语料库知之甚少。

因此,虽然贝斯特和马库斯称颂着能动性的最小化——这与二十世纪八九十年代的情况大相径庭,那时能动性仍然是理论圈的大热概念——但明眼人也必须同时承认削减人类能动性的"暗面"。缺乏能动性的学者是技能被削减的学者,他们是为了提出观点(至少不是那些直接从测量设备上扒下来的观点),而被剥离权威、无产阶级化的思想者。缺乏能动性的学者是大学里经济状况危险的合同工,他们的地位随着学术管理者、校长、校监、董事权力的增加而降低。批判是意识形态的宿敌,但尤其在马克思的情况中,批判也是揭露无产阶级化之条件的必要手段。马克思主义传统已经很切实地证明了,当无产阶级认同自身所处的低贱结构时,资本的发展最为繁荣。[1] 因此,不管是数码还是其他种类,那些我们觉得极具诱惑力的工具或小东西,实际上和那些为了特别的经济目的而将社会生活碎片化、边缘化的装置一样,都发挥着相同的功能。

———

我提出这些挑战与挑衅性的问题,并不是要宣判数码研究的衰亡,而是要为学界面临的问题提供清醒的反思,并且为此针对

---

[1] 这一传统的重要试金石则是弗雷德里克·詹姆逊的文章,及 Fredric Jameson, "Reification and Utopia in Mass Culture," *Signatures of the Visible* (New York: Routledge, 1992), 9 - 34。

可能的解决方案给出看法，虽然这些观点顶多也是初步的观察。学者们也必须针对数码计算的挑战自行展开评估。计算机的出现是怎样改变了人文研究？如何在使用计算机的同时，避免刚才提出的各种困难，即关于霸权、重述、对等的认识论挑战，以及更加偏向政治的意识形态、技能削减、无产阶级化的挑战？作为数年来一直在学术内外编写与研究软件的程序员，我希望与那些在技术研究方法上进行创新的人联合，来关注这些方法现在以及未来的存在方式。个人而言，我一直遵循着多种模式，在进行学术写作的同时也会制作一些软件。这样做的目的不是要将批判性隔离出来，而是要将批判理论与数码媒介**统一**起来（隐喻的技艺便是其中的一个例子）。而其他人也会找到最适合他们的方法。

　　但此举并非在呼吁人文学科要硬性转向数码化；也并不是要让每个孩子都必须有一台笔记本电脑。不加批判地"采用工具"，以及认知科学、神经科学、计算机科学等各种实证研究方法的持续侵蚀，都会给人文学科造成无可比拟的损害。我们都应该对学术界的谷歌化保持警惕[1]，并且应该去培养相应的创造力与关心能力，这两者在应对思维与身体日渐成为工业品的现状时，扮演着十分重要的角色。

　　我们这些人文学科的学者与学生真的在资本面前技不如人、低人一等吗？其实事实真就是如此，在现在最甚。但作为人文主

[1]　我所在的纽约大学在 2010 年秋季与谷歌达成了一项协议，将大学中大部分的数据流（包括电子邮箱、日历、文件分享、写作软件）迁移至谷歌的教育软件。后来才发现，谷歌几年来一直在将数据流分享至国家安全文员会，这则进一步证明了此类产业外包的道德隐患。

义者，我们还能触及一些更重要的东西，也就是弗朗索瓦·拉吕埃勒所说的，普遍人性中的"弱之力"（weak force）。因此，我们的目标并不是要投身数字矿工所玩的游戏并发起挑战，因为我们永远没有足够的资金和人手与之抗衡。重点在于，我们要从这场游戏中完全抽身而出，转而去追寻那些科学技术一直以来都在搪塞的问题，因为它受制于特定的意识形态与工业任务。弱之力让我们得以触及历史与社会的普遍共性，以及各种审美与文化现象。它们不仅是历史的填充物，作为历史的血肉，它们更是历史本身。

致　谢

　　我十分感谢我在纽约大学、宾夕法尼亚大学以及哈佛大学的同事与学生，在本书发行前，许多材料都在这些学校中被率先发表与讨论。本书的写作与编辑也得到了柏林美国学院、吕讷堡大学计算机模拟媒介文化高级研究院的资助。当我在几年以前第一次就尼尔斯·奥尔·巴里切利的信息联系普林斯顿高级研究院时，那里的档案管理员也给予了我极大的帮助。本书的终稿完成得到了社会研究院高级研究所的资金资助，我也因此十分感谢迪迪埃·法桑（Didier Fassin）、玛丽昂·富尔卡德（Marion Fourcade）、阿朗德拉·纳尔逊（Alondra Nelson）以及琼·斯科特（Joan Scott）的帮助。我的一些同事与朋友也帮助我审读了倒数第二稿，并给出了评价，他们包括安德鲁·卡尔普（Andrew Culp）、塞布·富兰克林（Seb Franklin）、埃本·柯克西（Eben Kirksey）、贾森·拉里维埃（Jason LaRiviere）、妮科尔·斯塔罗谢利斯基（Nicole Starosielski），以及莱夫·韦瑟比（Leif Weatherby）。我也同样感谢研究助理沙恩·布伦南（Shane Brennan)、索纳尔·卢特拉(Sonaar Luthra)、艾丽斯·马威克(Alice-Marwick),以及凯莱布·萨尔加多(Caleb Salgado)对稿件各方面的改进。

　　我想在此提及并感谢崔泰润(Taeyoon Choi),是他想出了"不可计算"的书名,并且成为我这些年十分珍贵的合作者。我也想感谢泰·史密斯(T'ai Smith),是她在几年前最先让我知道了埃达·K. 迪茨的作品。西纳·纳杰菲(Sina Najafi)在《密室》(Cabinet)杂志上发表了两篇我的短文——一篇关于居伊·德波,另一篇关于尼尔斯·巴里切利——这也在早期推动了写作计划的进行。我很感谢麦肯齐·沃克(McKenzie Wark),是她在一场艺术展览开场之前带我溜了进去,让我们可以亲手玩到德波的游戏。我则在与穆雄·泽-阿维夫(Mushon Zer-Aviv)的无数对话中得到了关于德波游戏的许多洞见。贾森·E. 史密斯(Jason E. Smith)告诉了我很多关于堤昆(以及德波)的知识,并因此在很多方面影响了书稿的形成。我也在与朱丽叶·雅各布森(Juliet Ja-cobson)的交流中,获得了知识与编辑方面源源不断的助益。

　　本书包括了许多此前论文与图书章节的改编版本:"Black Box, Black Bloc," in Benjamin Noys, ed., *Communization and Its Discontents: Contestation, Critique, and Contemporary Struggles* (Brooklyn: Minor Compositions/ Autonomedia, 2011), 237 - 49; "The Computational Image of Organization: Nils AallBarricelli," *Grey Room* 46 (Winter 2012): 26 - 45; "Cre-ative Evolution," *Cabinet* 42 (Summer 2011): 45 - 50; "The Cy-bernetic Hypothesis," *Differences: A Journal of Feminist Cul-*

tural Studies 25，no. 1（2014）：107－31，republished by permission of Duke University Press；"Debord's Nostalgic Algorithm," *Culture Machine* 10（2009）：131－56；"The Game of War：An Overview," *Cabinet* 29（Spring 2008）：67－72；"Networks," in W. J. T. Mitchell and Mark Hansen，eds.，*Critical Terms for Media Studies*（Chicago：University of Chicago Press，2010）：280－96；"Our Best Machines Are Made of Sunshine," in *Sarah Oppenheimer：S－337473*（Columbus，OH：Wexner Center for the Arts，2017），36－49；"Polygraphic Photography and the Origins of 3-D Animation," in Karen Beckman，ed.，*Animating Film Theory*（Durham，NC：Duke University Press，2014），54－67。我在此感谢这些文章的出版与编辑方为本书问世所做的贡献。

译名对照表

UNCOMPUTABLE

First published by Verso 2021

© Alexander R. Galloway 2021

Simplified Chinese Edition Copyright © 2025 by NJUP

All rights reserved

江苏省版权局著作权合同登记　图字:10‐2022‐250号

图书在版编目(CIP)数据

不可计算：漫长数字时代的游戏与政治／（美）亚历山大·R.加洛韦著；李逸帆译. ‐‐南京：南京大学出版社，2025.1. ‐‐ISBN 978‐7‐305‐28446‐5

Ⅰ.G206.2‐39

中国国家版本馆CIP数据核字第20249UH428号

出版发行　南京大学出版社

社　　址　南京市汉口路22号　　　　邮　编 210093

BUKE JISUAN:MANCHANG SHUZI SHIDAI DE YOUXI YU ZHENGZHI

书　　名　不可计算:漫长数字时代的游戏与政治

著　　者　（美）亚历山大·R.加洛韦

译　　者　李逸帆

责任编辑　刘慧宁

照　　排　南京紫藤制版印务中心

印　　刷　江苏苏中印刷有限公司

开　　本　880 mm×1230 mm　1/32　印张 9.375　字数 211 千

版　　次　2025年1月第1版　2025年1月第1次印刷

ISBN　978‐7‐305‐28446‐5

定　　价　68.00元

网　　址　http://www.njupco.com

官方微博　http://weibo.com/njupco

官方微信　njupress

销售咨询　(025)83594756